MÉTODO EXP[illegible]

LARO[illegible]

PORTUGUÉS

MÉTODO EXPRESS

LAROUSSE

LEER, ESCRIBIR, HABLAR Y ENTENDER

PORTUGUÉS

Sue Tyson-Ward

De la presente edición:
© Larousse Editorial, S. L.
Rosa Sensat, 9-11, 3.ª planta
08005 Barcelona
larousse@larousse.es - www.larousse.es
facebook.com/larousse.es - @Larousse_ESP

Publicado en 2003 por Hodder & Stoughton con el título *Teach yourself Beginner's Portuguese*.

Dirección editorial
Jordi Induráin Pons

Informática editorial
Marc Escarmís Arasa

Traducción, edición, maquetación y preimpresión
Jose M.ª Díaz de Mendívil

Diseño original
Chambers Harrap Publishers Ltd, Edinburgh

Diseño de cubierta
Isaac Gimeno

Cuarta edición: septiembre 2021

ISBN: 978-84-18473-73-9
Depósito legal: B-9213-2021
4E1I

Quizá usted nunca haya estudiado portugués o simplemente se ha olvidado de todo lo que sabía y quiere volver a empezar con una buena base. En ambos casos, el *Método Express de portugués* es lo que estaba buscando. Concebido como un método de autoaprendizaje, la obra le ayudará a entender, leer y hablar portugués con suficiente fluidez como para que usted sea capaz de comunicarse durante las vacaciones o en un viaje de negocios.

El libro se compone de dos partes bien diferenciadas. En la primera, hasta la unidad 10, se abordan las estructuras y los aspectos gramaticales básicos. Cada unidad parte de lo que se ha aprendido con anterioridad, por lo que es imprescindible estudiarlas en orden.

Las unidades 11-19 son temáticas y versan sobre situaciones cotidianas, como ir de compras, encargar una comida, hacer una reserva en un hotel, viajar… Le ofrecen la oportunidad de poner en práctica todo lo asimilado en la primera parte. Estas unidades se pueden trabajar en el orden que se desee.

Cuando se está aprendiendo una lengua extranjera, sobre todo al principio, es muy normal sentirse intimidado por el gran número de palabras nuevas que hay que aprender. Intente encontrar un método personal para estudiar el vocabulario: por ejemplo, pegue etiquetas en los muebles de casa o confeccione pequeñas listas de palabras que hay que aprender cada día. Cada cual tiene su truco y usted debe encontrar el que se adapte mejor a sus características.

Con respecto a las unidades 1-10

La primera página de cada unidad presenta lo que se va a aprender y, a continuación, se empieza por un pequeño ejercicio para practicar la expresión oral.

Las listas de vocabulario incluyen las expresiones y las palabras clave de cada unidad. Intente aprendérselas de memoria, ya que vuelven a aparecer en el resto de la unidad y en las unidades posteriores.

Diálogo *Diálogo*. Lea en voz alta los diálogos varias veces y procure siempre captar el sentido general antes de mirar las traducciones del vocabulario nuevo.

Leitura *Lectura* y **Monólogo** *Monólogo*. Léalos varias veces hasta comprender el sentido general y, luego, estudie el vocabulario.

Gramática. En este apartado, es usted libre de organizarse como más le convenga: puede empezar leyendo los ejemplos para intentar deducir por sí solo la regla gramatical, o leer primero la regla y ver cómo se ha aplicado en los ejemplos Una vez haya entendido bien la regla, intente construir usted mismo ejemplos en los que se aplique.

El apartado (i) le ayudará a entender mejor la lengua gracias a la explicación de ciertas diferencia culturales.

Ejercicios. Cada actividad de este apartado le permitirá trabajar uno de los aspectos esenciales tratados en el apartado **Gramática**.

Autoevaluación. Situada al final de cada unidad, sirve para evaluar los conocimientos adquiridos a lo largo de las dos o tres unidades previas.

Con respecto a las unidades 11-19

La primera página de cada unidad presenta lo que se va a aprender. Casi todas las unidades incluyen un breve texto en portugués sobre el tema tratado.

Las listas de vocabulario ofrecen los términos necesarios para desenvolverse en las situaciones de la vida diaria: encargar la comida, hacer una reserva en un hotel, preguntar los horarios de los trenes, ir de excursión…

Diálogos *Diálogos*. Cada diálogo trata un aspecto diferente del tema abordado en la unidad. Intente leerlos (o escucharlos) despacio, repitiendo las frases y las palabras nuevas.

Ejercicios. Casi todas las actividades se refieren a documentos portugueses auténticos, lo que le permitirá hacerse una idea de cómo funcionan las cosas en Portugal y practicar, al mismo tiempo, la comprensión escrita. Así irá adquiriendo seguridad para ser capaz de enfrentarse a situaciones reales.

Podrá evaluar sus progresos gracias al apartado **autoevaluaciones** del final del libro. Están divididas en dos partes, como el libro: una cubre las unidades 1-10 y la otra va de la unidad 11 a la 19.

Las respuestas a todos los **Ejercicios, Documentos** y **Autoevaluaciones** se encuentran en las **soluciones de los ejercicios** del final del libro.

Cómo se puede aprender una lengua eficazmente

1 Estudie un poco cada día, de 20 a 30 minutos, en vez de 2 ó 3 horas de golpe.
2 Márquese objetivos a corto plazo: por ejemplo, calcule cuánto tiempo piensa que le va a dedicar a una unidad y luego intente atenerse a sus previsiones.
3 Repase y haga la pequeña **autoevaluación** que encontrará al final de cada unidad.
4 Siga los consejos que se dan a lo largo de la obra e intente pronunciar en voz alta las palabras y expresiones que va aprendiendo.
5 Aproveche todas las ocasiones que se le presenten para hablar portugués. Matricúlese en algún curso de portugués, solicite un poco de ayuda a algún amigo que hable portugués o apúntese a un club o una asociación de portugueses.
6 No se preocupe si comete errores. Lo más importante es hacerse entender.

Al final del libro

Al final del libro encontrará a modo de anexos los siguientes apartados:

Autoevaluaciones finales de repaso

Las soluciones a los ejercicios

Un vocabulario portugués-español y un vocabulario español-portugués.

Los números

Un índice gramatical para que pueda encontrar con rapidez los distintos aspectos gramaticales que se tratan en la obra.

Símbolos y abreviaturas

Este símbolo indica que puede escuchar el texto que va a continuación si dispone de los CD. Dentro del círculo, siempre se indica en qué CD y en qué pista está la grabación.

(i)	información cultural	(mpl)	nombre masculino plural
(m)	masculino	(fpl)	nombre femenino plural
(f)	femenino	(mf)	nombre con la misma forma en femenino y en masculino
(sg)	singular		
(pl)	plural	(fam)	familiar

Cómo usar este método si dispone de los CD

Este método se ha concebido para que usted pueda estudiar con o sin los CD. Sin embargo, el uso de los CD es una ayuda adicional que le permitirá mejorar tanto su expresión oral, perfeccionando su acento, como su comprensión oral. Grabados por actores de lengua portuguesa, los CD ofrecen la posibilidad de oír portugués auténtico.

Los textos y las actividades orales grabadas van precedidos por el icono CD1 • 54 en el que, además, se indica el CD y la pista exacta.

Si trabaja a partir de la grabación, lo primero que tiene que hacer siempre es intentar entender el texto antes de leerlo en el libro. La lectura del texto y el estudio del vocabulario nuevo le permitirán comparar si lo que ha entendido en la audición es lo que se ha dicho de verdad. La segunda etapa consiste en volver a escuchar la grabación haciendo pausas frecuentes para repetir lo que dicen los locutores. Luego, intente repetir frases completas.

Es imprescindible volver a escuchar los textos para recordar y asimilar lo aprendido.

CD1 • 02 Las palabras de origen portugués no llevan ni **k,** ni **w** ni **y**, aunque estas letras pueden aparecer en palabras de origen extranjero. Hay dos combinaciones de letras que no existen en español:

- **lh**, que se pronuncia como la *ll* de *millonario*: **mulher, trabalhar.**
- **nh**, que se pronuncia como la *ñ* de *niño*: **vinho, sozinho.**

A continuación le ofrecemos el alfabeto portugués con, entre paréntesis, la pronunciación (aproximada) de las letras que se pronuncian de distinto modo que en español.

a, b, c (*se*), d, e, f (*ef*), g (*gue*), h (*hagá*), i, j (*djota*), (k (kappa)), l (*el*), m (*em*), n (*en*), o, p, q (*que*), r, s (*es*), t, u, v (*ve*), (w (*duble iu*)), x (*shish*), (y (*ipsilon*)), z (*se,* con *s* sonora).

Las vocales portuguesas

Imitar los sonidos de las vocales portuguesas no es tarea fácil ya que los portugueses tienen muchas más que nosotros y, además, «se las comen» a menudo. Por si esto fuera poco, hay muchos sonidos nasales y la pronunciación puede depender de dónde esté colocada la vocal dentro de la palabra. Esta es la pronunciación aproximada de las diferentes grafías vocálicas que podemos encontrarnos en portugués:

a *a* larga como en *casa* –**hospital**– o a medio camino entre nuestra *a* y nuestra *e* –**mesa**

e *e* larga como en *peto* –**certo**– o como una *e* muy corta – **pesar**

i *i* larga como en *risa* –**partida**– o a medio camino entre *i* y *e* –**emigrar**

o *o* como en *cosa* –**nova**– o más cercana a una *u* –**sapato**

u *u* como en *uso* –**durmo**– o más cerrada –**mudar**

En portugués también se usa la tilde para marcar el acento tónico de las palabras pero, al margen de la tilde «normal», existen el acento circunflejo («ˆ», que indica que la *a*, la *e* o la *o* deben pronunciarse más cerradas), la virgulilla (**til** «˜», que indica que la vocal debe nasalizarse) y el acento grave (cuyo uso se circunscribe a algunos casos de contracción de la preposición **a** con artículos o pronombres demostrativos):

ã equivale a pronunciar una *a* expulsando aire por la nariz –**irmã**

â *a* cerrada nasalizada que se acerca a una *e* –**ambulância**

à *a* (solo se usa en algunos casos concretos) –**à**

á *a* normal en una sílaba tónica –**árabe**

ê *e* cerrada –**você**

é *e* normal en una sílaba tónica –**pé**– o esta misma *e* nasalizada –**alguém**

í *i* normal en una sílaba tónica –**artístico**

õ equivale a pronunciar una *o* expulsando aire por la nariz –**põe**

ô *o* cerrada –**capô**

ó *o* normal en una sílaba tónica –**exótico**

ú *u* normal en una sílaba tónica –**dúzia**

Las consonantes portuguesas

Al igual que las vocales, también existen diferencias entre la pronunciación de las vocales portuguesas y las españolas. Lea la siguiente lista o escuche el CD. Intentamos ofrecerle el sonido aproximado en español o una explicación sencilla que le ayude a entender cómo se pronuncia cada consonante.

Consonante	Sonido español	Sonido portugués
b	*bonito*	**bonito**
c+a/o/u	*comer*	**comer**
c+e/i	*sentido*	**centro**
ç	*mismo*	**maçã**
d	*dar*	**dar**
f	*falla*	**falar**
g+e/i	similar a la pronunciación argentina de la *ll* o la *y*	**geleia**
g+a/o/u	*pagar*	**pagar**
h	«muda»	**hotel**
j	similar a la *j* francesa	**julho***
l	*libre*	**livre**
m	*mesa*	**mesa**
n	*nadar*	**nadar**
p	*parar*	**parar**
q(u)	*cuando*	**quando**
q(u) +e/i	*que*	**quem**
r	*río*	**rio**
r+r	a medio camino entre *r* y *j*	**carro**
s	*sol*	**sol**
s+vocal	*mismo*	**casa**
s+s	*admisión*	**admissão**
t	*todo*	**todo**
x	sonido similar al que usamos para hacer callar a alguien: *¡shhhh!*	**baixa**
z	*mismo*	**fazer / faz**

Las reglas de acentuación

Al igual que en español, las palabras portuguesas pueden llevar el acento tónico en cualquiera de sus sílabas y pueden ser, por tanto, agudas, graves o esdrújulas. Las reglas de utilización de las tildes son básicamente:

- las palabras agudas acabadas en **-a(s)**, **-e(s)**, **-o(s)**, **-em** y **-ens** llevan acento gráfico: **parabéns**, **também** (el acento puede ser agudo o circunflejo en función de la pronunciación).
- las palabras graves acabadas en **-r**, **-x**, **-n**, **-l**, **-i(s)**, **-um**, **-uns**, **-us**, **-ps**, **-ã(s)**, **-ão(s)** y diptongo seguido o no de **-s** llevan acento gráfico: **açúcar**, **vírus**, **árduo, bênção** (el acento puede ser agudo o circunflejo en función de la pronunciación).
- las palabras esdrújulas, como en español, se acentúan siempre: **acadêmico, económico, cómoda** (el acento puede ser agudo o circunflejo en función de la pronunciación).

Además, existen un serie de normas adicionales aplicadas a los diptongos, los monosílabos y algunos verbos.

Consejos para adquirir un buen acento

Para hacerse entender, no es imprescindible tener un acento perfecto y poder pasar por un verdadero portugués. Sin embargo, una buena pronunciación siempre es recomendable. Estos son algunos trucos para mejorarla.

1. Escuche atentamente a la gente que habla portugués, ya sea su profesor, la grabación u otras personas. Si es posible, imagínese que es usted mismo portugués y repita en voz alta lo que dicen.
2. Grábese y compare su pronunciación con la de un hablante nativo.
3. Pida a un portugués o un brasileño que escuche su pronunciación y que le diga dónde debe mejorar.
4. Pregunte a un hablante de portugués cómo se pronuncia un sonido concreto. Escuche atentamente y, luego, practique en casa.
5. Haga una lista con las palabras que le parecen difíciles de pronunciar y practique.

A continuación trabaje su pronunciación repitiendo los nombres de los siguientes lugares. Puede escuchar el CD antes de repetirlos. Luego, busque dónde se encuentran en el mapa de Portugal de la página siguiente.

Primero, las regiones de Portugal:

1 Minho
2 Douro
3 Trás-os-Montes
4 Beira Alta
5 Beira Litoral
6 Beira Baixa
7 Estremadura
8 Ribatejo
9 Alentejo
10 Algarve

Luego, algunas de las ciudades más importantes:

1 Lisboa
2 Faro
3 Guarda
4 Setúbal
5 Coimbra
6 Porto
7 Braga
8 Évora
9 Portalegre
10 Vila Real

Acordo Ortográfico

El portugués se habla en muchas regiones del mundo y su ortografía difiere de un país a otro. Desde hace un siglo se ha intentado unificar, ya que la primera iniciativa de un **acordo ortográfico** data de 1911. El último **acordo** entró en vigor el 1 de enero de 2009 y debería unificar la normativa de todos los países de lengua portuguesa, aunque pasarán años hasta que todo el mundo adopte las nuevas convenciones.

En este método se presentan las palabras adaptadas a la nueva ortografía; las voces que cambian aparecen con un asterisco para facilitar al lector el reconocimiento de esas palabras que puede encontrar, en otros textos, escritas aún con la grafía antigua.

En el vocabulario portugués-español, se incluyen también las palabras con grafía anterior al «Acordo», con una remisión a la nueva ortografía.

01

muito prazer
mucho gusto

En esta unidad aprenderá a:

- saludar a la gente
- dar las gracias y preguntar qué tal se está
- presentarse
- usar las fórmulas de cortesía

Antes de empezar

Lea detenidamente la introducción de este método que ofrece un consejos muy útiles para sacar el máximo provecho del aprendizaje. Esfuércese por leer en voz alta para avanzar con mayor rapidez.

Los saludos

A continuación le presentamos algunos saludos muy habituales en Portugal. Si ya ha visitado algún país en el que se hable portugués, algunos le resultarán familiares. Intente recordarlos y decirlos en voz alta y luego compruebe si figuran en la lista.

bom dia	*buenos días*
boa tarde	*buenas tardes*
boa noite	*buenas noches*
olá	*hola*
até já	*hasta ahora*
até logo	*hasta luego*
até amanhã	*hasta mañana*
até breve	*hasta pronto*
até à próxima	*hasta la próxima*
tchau	*hola; adiós*
adeus	*adiós*

ⓘ No debe extrañar que, por la cercanía geográfica y cultural, los portugués dividan el día en períodos casi calcados a los que usamos en español y usen los saludos de forma muy similar. Por la mañana, hasta el mediodía, se usa **bom dia**. **Boa tarde** toma el relevo hasta que llega la noche. A partir de ese momento se usa **boa noite**. Del mismo modo, es muy normal despedirse con estas expresiones precedidas de **adeus**. Por ejemplo: **adeus, boa noite**, etc. **Tchau** es una expresión popular brasileña que llegó a Portugal de la mano de los culebrones del país sudamericano. Es un saludo familiar, como **olá** y **olá, bom dia**.

CD1 • 05

Diálogo 1

Na rua *En la calle*

Paula se encuentra con un vecino y lo saluda de inmediato.

Paula	Bom dia, senhor Mendes. Como está?
Sr. Mendes	Estou bem, obrigado, e a senhora?
Paula	Bem, obrigada.

Ana, una amiga de Paula, llega y se une a la conversación.

Paula	Olá, Ana, está boa?
Ana	Estou, e a Paula?
Paula	Também estou, obrigada.
Ana	Então, até já.
Paula	Adeus, até logo.

como está?	*¿cómo está (usted)? / ¿qué tal está (usted)?*
estou bem	*(estoy) bien*
obrigado	*gracias* (cuando habla un hombre)
está boa?	*¿qué tal está?* (a una mujer)
e	*y*
também	*también*
obrigada	*gracias* (cuando habla una mujer)
então	*entonces, en ese caso*

Gramática

1. «Gracias»

En este primer diálogo ha descubierto las palabras **obrigado** y **obrigada**, que quieren decir *gracias*. Los hombres dicen **obrigado,** que es la forma masculina, y las mujeres **obrigada**, que es el femenino. Como en casi todas las lenguas de origen latino, muchas palabras portuguesas tienen una forma masculina y otra femenina. Como hispanohablante, este concepto es muy sencillo de entender.

En portugués, al igual que en español, la terminación de una palabra suele indicar su género: así, las palabras masculinas acaban muchas veces en **-o** y las femeninas lo hacen casi siempre en **-a**.

2. «Usted»

Existen diferentes formas de decir *usted* en portugués. Dependen del grado de familiaridad que haya entre los interlocutores, de la clase social, de la jerarquía profesional, de la edad, etc. En este diálogo, se han visto dos de ellas. Por un lado:

o senhor (para los hombres)	*usted*
a senhora (para las mujeres)	*usted*

(**O senhor** se suele abreviar **o sr.** y **a senhora, a sr.ª**.)

Y por otro: **o** o **a** + el nombre de pila de la persona

o Miguel	*usted* (masculino, le hablamos a Miguel)
a Paula	*usted* (femenino, le hablamos a Paula)

Se suele emplear esta última variante entre colegas o cuando una persona mayor habla con gente más joven.

A medida que avancemos en el método descubrirá otras formas de dirigirse a la gente mayor.

3. *Estou, está*: el verbo «estar»

Las personas del diálogo preguntan y contestan utilizando:

estou	*estoy* (*bien*)
está	*está* (*bien*)

Estou y **está** son dos formas del verbo **estar**, que es el equivalente a nuestro *estar*, es decir, el verbo que se usa para describir sentimientos, sensaciones, estados pasajeros o el emplazamiento de las personas y las cosas.

4. Las preguntas

Al igual que en español, en portugués basta con elevar la entonación de la voz al final de la frase para hacer una pregunta.

Como está?	*¿Qué tal está?*
Está boa?	*¿Está bien?* (a una mujer)

Ejercicio

1.1 Complete las frases del diálogo.

Ana	Boa noite, senhor Silva. Como...?
Sr. Silva	... bem, obrigado. E a senhora?
Ana	Estou..., ...
Sr. Silva	Então, boa... e... amanhã.
Ana	... noite.

1.2 En los siguientes contextos, ¿qué les diría a estas personas?

a Se encuentra con su amiga Ana Paula a media mañana.
b Se encuentra con un compañero de trabajo a la hora de comer.
c Se despide de un grupo de amigos a media tarde; los va a volver a ver al día siguiente.
d Se va de compras al centro y tiene previsto volver a casa un poco más tarde.
e Llega el profesor que le da un curso a última hora de la tarde.

Documento

¿En qué momento del día se va a emitir este programa?

> **TARDE DE CINEMA: "O ÚLTIMO COMBOIO DE GUN HILL"**
>
> O filme em exibição foi realizado por John Sturges e conta com Kirk Douglas e Anthony Quinn nos principais papéis.

Diálogo 2

Numa festa *En una fiesta*

Nuno lleva a Paula a una fiesta donde conoce a unas cuantas personas.

Nuno	Boa noite, Miguel, estás bom?
Miguel	Estou, e tu?
Nuno	Estou ótimo,* obrigado.
Miguel	(*dirigiéndose a Paula*) Desculpa, como te chamas?
Paula	Chamo-me Paula, e tu?
Miguel	Miguel.
Paula	Muito prazer.
Miguel	Igualmente.

estou ótimo/a*	*estoy muy bien*
desculpa	*disculpa / perdona*
chamo-me	*me llamo*
estás bom?	*¿qué tal estás?* (a un hombre)
muito prazer	*mucho gusto / encantado(a)*
igualmente	*igualmente*

Gramática

5. «Tú»

En el diálogo 2, se usa la forma **tu** entre amigos. La forma verbal pasa de **está** a **estás**, es decir, de la tercera persona del singular a la segunda.

está	*está*
estás	*estás*

6. *Chamo-me...* *Me llamo...*

¿Se ha fijado que cuando le preguntan a Paula **como *te* chamas?**, ella contesta **chamo-*me*?** Nos preocuparemos de la posición de las palabras **te** y **me** más tarde. Por el momento, recuerde que cuando se dirige a una persona mayor que usted o que no conoce, hay que emplear la expresión más formal **como *se* chama?**

7. *Desculpe* *Disculpe / Perdone*

La palabra **desculpe** (o **desculpa** cuando habla con alguien con quien se tutea) se puede emplear en contextos diversos: cuando quiere llamar la atención de alguien, como en el diálogo 2, cuando interrumpe una conversación o incluso cuando ha empujado a alguien sin querer. También se suele decir:

perdão	*perdón*
com licença	*con permiso* (cuando quiere que le dejen paso)

Las posibles respuestas son:

não faz mal	*no se preocupe*
com certeza / faz favor	*naturalmente / faltaría más*

Ejercicios

1.3 Se encuentra con Nuno en la calle. Siga las indicaciones que se dan en español y complete el diálogo en portugués. Compruebe sus respuestas en el CD o en las **soluciones de los ejercicios** del final del libro.

Nuno	Boa tarde, como está?
a Usted	*Diga buenos días. Dígale que bien, gracias. Pregúntele qué tal está.*
Nuno	Estou bem, obrigado.
b Usted	*Diga adiós, hasta mañana.*
Nuno	Então, até à próxima.

1.4 ¿Qué preguntas les haría a estas personas para saber cómo se llaman?

a Ana Maria **b José** **c Senhor Mendes**

1.5 Encuentre en esta sopa de letras seis saludos portugueses. Pueden estar ocultos de izquierda a derecha, de derecha a izquierda, de arriba abajo, de abajo arriba o en diagonal.

K	O	B	D	L	G	S	E
M	T	A	Z	P	O	D	O
A	S	J	D	H	R	W	F
I	L	E	N	A	P	J	C
D	A	T	T	D	O	R	Q
M	J	A	F	E	A	Z	S
O	O	R	K	U	B	C	Y
B	S	C	T	S	E	F	P
O	G	O	L	E	T	A	D
C	T	S	B	R	O	L	A

1.6 Este diálogo está desordenado. ¿Sabría ordenarlo? Un pequeña ayuda: la primera frase es **Bom dia, como está?**

Lúcia	Bem, obrigada.
Sr. Silva	Eduardo.
Lúcia	Bom dia, como está?
Lúcia	Chamo-me Lúcia, e o senhor?
Sr. Silva	Estou bem, obrigado, e a senhora?
Sr. Silva	Igualmente.
Lúcia	Muito prazer.
Sr. Silva	Desculpe, como se chama?

Parabéns! (*¡Enhorabuena!*) Ha terminado la primera unidad. Ahora, haga el siguiente test para comprobar lo que ha aprendido.

Autoevaluación

¿Puede:

a decir «buenas tardes» y preguntar a una persona que conoce qué tal está?
b decir «buenas noches» y «hasta la próxima»?
c preguntarle el nombre a alguien de manera familiar?
d presentarse?
e pedir disculpas a alguien al que acaba de pisar?
f decir que está encantado(a) de conocer a alguien?

02

de onde é?

¿de dónde es?

En esta unidad aprenderá a:

- decir de dónde se es
- hablar de nacionalidades
- preguntar a alguien si habla español
- emplear la negación

Antes de empezar

Cada uno tiene sus propios métodos para aprender... pero es mejor estudiar veinte minutos con regularidad que dos horas de golpe de vez en cuando.

Diálogo 1

Como se chama? *¿Cómo se llama?*

El señor Pereira y Julie acaban de conocerse en una fiesta. En la conversación, se preguntan de qué país son.

Sr. Pereira	Boa noite. Chamo-me Rui Pereira. E como se chama a senhora?
Julie	Julie.
Sr. Pereira	Muito prazer, Julie. De onde é?
Julie	Sou francesa; sou de Bordéus. E o senhor, de onde é?
Sr. Pereira	Sou português, sou de Lisboa.

de onde é?	*¿de dónde es (usted)?*
sou	*soy*
francês/francesa	*francés(esa)*
sou de	*soy de*
Bordéus	*Burdeos*
português/portuguesa	*portugués(esa)*
Lisboa	*Lisboa*

Diálogo 2

De onde são? *¿De dónde son?*

El señor Pereira pregunta a otras personas de dónde son.

Sr. Pereira	Boa noite. De onde são os senhores?
Susana	Somos de Espanha. Somos espanhóis.
Mario	A Susana é de Madrid, e eu sou de Barcelona. E o senhor, de onde é?
Sr. Pereira	Pois, sou de Portugal!

de onde são?	*¿de dónde son?*
os senhores	*ustedes* (plural); *los señores*
somos	*somos*
Espanha	*España*
espanhóis	*españoles*
é	*es*
eu	*yo*
pois	*pues*

Gramática

1. El verbo «ser»

En la unidad anterior, ha aprendido dos formas del verbo **estar** (**está** [*está*] y **estou** [*estoy*]) que se usan para preguntar a una persona qué tal está. En los diálogos de esta unidad, acaba de descubrir varias formas del verbo **ser** (*ser*). Como en español, **ser** se usa para describir características permanentes, como la nacionalidad o el país de origen de alguien.

Sou de Portugal.	*Soy de Portugal.*
De onde é?	*¿De dónde es?*
A Susana é de Madrid.	*Susana es de Madrid.*
Somos de Espanha.	*Somos de España.*
De onde são?	*¿De dónde son?*

2. Yo, tú, él, ella, ...

Los pronombres personales sujetos indican quién es el sujeto del verbo, es decir, quién realiza la acción. Al igual que en español, rara vez se emplean en portugués ya que las terminaciones verbales (desinencias) bastan la mayoría de las veces para identificar quién es el sujeto:

sou	*soy*
eu sou	*yo soy*

Los pronombres se usan a veces para insistir (***yo** soy de España*), o para aclarar la situación cuando el contexto es confuso y no permite determinar con claridad de quién se trata (**é** = *(él, ella, ello, usted) es*). Volveremos a hablar de los verbos más adelante.

3. La nacionalidad

En la unidad 1 ha visto que los nombres pueden ser masculinos o femeninos. Los gentilicios (nombres de nacionalidad) tampoco escapan a esta norma. Cuando están representados los dos géneros, se usa el masculino.

La siguiente tabla ofrece algunas nacionalidades con sus formas masculina, femenina y plural:

	Masculino singular	Femenino singular	Masculino plural	Femenino plural
Portugal *Portugal*	portugu**ês**	portugu**esa**	portugu**eses**	portugu**esas**
O Brasil *Brasil*	brasileir**o**	brasileir**a**	brasileiro**s**	brasileir**as**
A Argentina *Argentina*	argentin**o**	argentin**a**	argentin**os**	argentin**as**
O Chile *Chile*	chilen**o**	chilen**a**	chilen**os**	chilen**as**
Espanha *España*	espanhol	espanhol**a**	espanh**óis**	espanhol**as**
O México *México*	mexican**o**	mexican**a**	mexican**os**	mexican**as**
A Alemanha *Alemania*	alemão	alemã	alemã**es**	alem**ãs**
Os Estados Unidos *los Estados Unidos*	american**o**	american**a**	american**os**	american**as**
França *Francia*	franc**ês**	frances**a**	frances**es**	frances**as**
A Inglaterra *Inglaterra*	ingl**ês**	ingles**a**	ingles**es**	ingles**as**
A Itália *Italia*	italian**o**	italian**a**	italian**os**	italian**as**

Nota: Al contrario que en español, los países tienen un género definido y es la terminación del nombre lo que indica si el país es femenino o masculino.

Si acaban en **-o**, son masculinos y si lo hacen en **-a**, femeninos. En los demás casos suelen ser masculinos aunque hay algunas excepciones.

o Brasil	*Brasil*
a Itália	*Italia*
os Estados Unidos	*Estados Unidos*

Ejercicios

2.1 Con ayuda de la tabla de nacionalidades de la página 12, haga el siguiente ejercicio.

- **a** Diga de qué país es usted.
- **b** Diga su nacionalidad.
- **c** Pregunte al señor Silva de dónde es.
- **d** Diga que Ana es brasileña.
- **e** Pregunte a los señores Schneider de dónde son.
- **f** Diga que Steve es de Inglaterra.
- **g** Diga que los García son mexicanos.

2.2 Estas personas hablan de su nacionalidad y de su país de origen. Complete las frases. Busque las nacionalidades que no conoce en un diccionario o en Internet.

a Maria

b O sr / a sra Schmidt

c Pierre

d Martin, Léo y Jade

e Marco Giovanni

f Martine y Lilie

2.3 Utilice el verbo **ser** (*ser*) en la forma adecuada par construir frases que describen a las personas anteriores (**a, b, c, d, e, f**). En Portugal, es mejor usar los artículos **o** (masculino) y **a** (femenino) delante de los nombres de pila:

A Maria é de Portugal.	*Maria es de Portugal.*
É portuguesa.	*Es portuguesa.*

Para dar mayor énfasis a la frase se puede usar el pronombre **ela** (*ella*).

Ela é portuguesa.

Ahora le toca a usted. Si lo desea, puede usar los pronombres *él* (**ele**), *ellos* (**eles**) o *ellas* (**elas**).

CD1 • 10

Diálogo 3

Fala espanhol? *¿Habla español?*

Daniela acaba de conocer a João. Intenta entablar una conversación con él.

Daniela	Bom dia. Desculpe, fala espanhol?
João	Não, não falo. A senhora é espanhola?
Daniela	Sim, sou. Falo um pouco de português. E o senhor, é português?
João	Não, não sou.
Daniela	Mas fala bem português.
João	Sou brasileiro!

fala...?	*¿habla...?*	**um pouco de**	*un poco de*
não	*no*	**mas**	*pero*
sim	*sí*	**bem**	*bien*
falo	*hablo*		

Gramática

4. Decir «sí» y «no»

Para construir una frase negativa, basta con poner la palabra **não** delante del verbo:

não sou	*no soy*
não falo	*no hablo*

Si se fija, se dará cuenta de que los portugueses repiten a menudo **não** en sus respuestas y que retoman el verbo en casos en que los españoles contestaríamos por un sencillo *no*: **não, não falo**, *no, **no** lo **hablo***.

El equivalente de *sí* es **sim**. La repetición del verbo, con o sin la palabra **sim**, también es habitual en las respuestas afirmativas.

Fala português? *Falo.* o *Falo, sim.*

Al igual que **não**, **sim** es una palabra muy nasalizada, a pesar de lo que parece indicar su ortografía. Consulte la **guía de pronunciación** para más detalles.

5. Las lenguas

No hay muchos secretos: como en español, el nombre de una lengua suele ser como el de la nacionalidad del país en masculino. La palabra **italiano** quiere por tanto decir *italiano*, la lengua, o *italiano*, la persona.

Una alemana diría:

Sou alemã, falo alemão. *Soy alemana, hablo alemán.*

ⓘ El portugués es un idioma que se habla en varios continentes: desde Portugal (incluidas Madeira y las Azores) se extiende a América del Sur y varios países de África y Asia. Por tanto, si viaja, no será muy difícil que se encuentre con hablantes de portugués. Brasil es un país muy extenso y poblado en el que el portugués es la lengua oficial y que exporta muchas series de televisión muy populares a Portugal. Las diferencias lingüísticas que existen entre los dos países afectan a la pronunciación y al vocabulario, pero también a la gramática. En el diálogo 3, João era brasileño.

Ejercicios

2.4 En portugués, ¿cómo:

- **a** se le pregunta a alguien si habla italiano?
- **b** se dice que usted no es mexicano?
- **c** se dice que usted habla español?
- **d** se le pregunta a alguien si habla portugués?
- **e** se dice que uno no es alemán pero que habla alemán?

2.5 ¿Verdadero o falso? Para cada una de las siguientes afirmaciones, indique con una **V** (= **verdadeiro**) si es cierta, o con una **F** (= **falso**) si es falsa. Para las necesidades de este ejercicio, vamos a imaginar que las personas solo hablan su lengua materna.

- **a** A Sara é dos Estados Unidos. Fala alemão.
- **b** O Marco fala italiano; é da Itália.
- **c** Eu sou do Brasil, falo português.
- **d** A senhora Gomes é da Argentina. Fala espanhol.
- **e** O senhor Mendes fala alemão. É português.

Documento 1

a En la tabla inferior, ¿cuál es la lengua que más se habla?
b ¿Y las que menos se hablan?

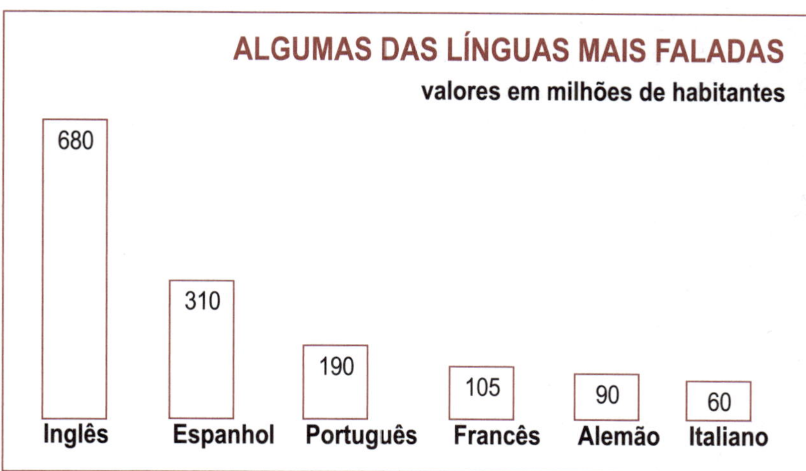

CD1 • 11

2.6 Un encuestador (**o entrevistador**) hace preguntas sobre nacionalidades y lenguas. Usted participa en la encuesta. Siga las indicaciones que se dan en español para completar el diálogo. Compruebe sus respuestas en el CD o en las **soluciones de los ejercicios** del final del libro.

Entrevistador	Boa tarde. Desculpe, fala português?
a Usted	*Diga que sí, que habla un poco de portugués.*
Entrevistador	É da Alemanha?
b Usted	*Diga que no, que no es alemán(ana) y diga su nacionalidad.*
Entrevistador	Então (*entonces*), fala espanhol?
c Usted	*Diga que sí, que habla español y también italiano.*
Entrevistador	Fala bem português.
d Usted	*Déle las gracias y despídase.*

Documento 2

¿Qué idiomas se hablan en esta tienda?

AQUI FALA-SE
ESPANHOL, PORTUGUÊS, ALEMÃO

Autoevaluación

¿Puede:

- **a** preguntar a Paulo de dónde es?
- **b** decir de qué país es usted?
- **c** preguntar al sr. Mendes si es brasileño?
- **d** preguntar de dónde son los sres. Oliveira?
- **e** hablar en su nombre y en el de su amigo(a) y dar su nacionalidad?
- **f** decir que Júlia es portuguesa?
- **g** preguntar si João es de los Estados Unidos?
- **h** preguntar a alguien si habla español?
- **i** decir que no, que no habla alemán?
- **j** decir que sí, que es usted argentino(a)?

03

onde mora?

¿dónde vive?

En esta unidad aprenderá a:

- dar una dirección
- usar algunas preposiciones
- reconocer una conjugación verbal
- hablar del lugar de trabajo
- contar de 0 a 20

Antes de empezar

Quizá, algún día se encuentre en una situación que le obligará a preguntar por una dirección o a dar unas señas: en una conversación normal, a la hora de rellenar un formulario (por ejemplo, en el banco) o para visitar a alguien. El portugués tiene dos verbos para hablar del lugar donde se vive: **morar** (*habitar, vivir*) y **viver** (*vivir, existir*). El matiz entre ambos es muy sutil y hoy en día se usa uno mucho más que el otro. En los diálogos de esta unidad encontrará ejemplos de uso de ambos.

Diálogo 1

Onde mora? *¿Dónde vive?*

Ana habla con el sr. Mendes del sitio donde viven. Lea o escuche el diálogo siguiente.

Ana	Boa noite, senhor Mendes. Onde mora?
Sr. Mendes	Moro em Lisboa, na avenida da República. E a Ana, mora em Lisboa?
Ana	Não, moro aqui em Albufeira. Onde moram o senhor e a senhora Silva?
Sr. Mendes	Moram no Porto, na praça São Vicente. Onde mora o José?
Ana	O José? Agora vive no Brasil.

mora	*vive*
moro	*vivo*
em	*en*
na (em + a)	*en la*
(a) avenida	*(la) avenida*
(a) avenida da República	*(la) avenida de la República*
aqui	*aquí*
moram	*viven*
(a) praça	*(la) plaza*
agora	*ahora*
vive	*vive*
no (em + o)	*en el*

Gramática

1. Los artículos definidos «el, la, los, las»

En las unidades 1 y 2 ha aprendido que se usan las palabras **o** y **a** delante de los nombres de pila y de los nombres de los países. En el diálogo anterior, ha visto que se usan para designar el lugar donde se vive. Son artículos definidos que corresponden a los españoles *el* (**o**) y *la* (**a**).

a avenida	*la avenida*
a praça	*la plaza*

Como en español, casi todas las palabras que acaban en **-o** son masculinas y llevan delante el artículo **o**, y las que acaban en **-a** son femeninas y toman el artículo **a**. Sin embargo, hay que ser cauteloso pues existen excepciones a esta regla. Por lo que se refiere a las palabras que tienen otra terminación, es mejor aprenderse el género para evitar problemas. Los vocabularios del final del libro, en los que los nombres van siempre precedidos de **o** o **a** o (m) o (f), le permitirán evitar errores.

Para formas el plural *los/las*, normalmente basta con añadir una **-s** a los artículos singulares.

as avenidas	*las avenidas*

2. La preposición «en»

El equivalente de *en* es **em**, como hemos visto en el diálogo: **moro em Lisboa**. No obstante, cuando esta palabra va seguida de los artículos definidos citados más arriba, las dos palabras se contraen. La contracción facilita la pronunciación y evita las cacofonías. Estas son las contracciones de **em**:

- **em + o/a** = **no/na**
  = *en el/la*

  em + a praça
  na praça = *en la plaza*

  em + a Itália = *en Italia*
  na Itália

  em + o Brasil = *en Brasil*
  no Brasil

- **em + os/as** = **nos/nas**
  em + as avenidas
  nas avenidas = *en las avenidas*

  em + os Açores
  nos Açores = *en las Azores*

3. La formación de los verbos

Hasta ahora, se ha limitado a usar algunas formas de los verbos **ser** (*ser*) y **estar** (*estar*) para describir a las personas. En la unidad 2 ha aprendido a usar el verbo **falar** (*hablar*) y acaba de descubrir los verbos **morar** (*habitar, vivir*) y **viver** (*vivir, existir*). Muchos verbos son de la misma conjugación que el verbo **falar** ya que la terminación verbal **-ar** es la más común en portugués. Compare, en la siguiente tabla, los verbos **falar**, **morar** y **trabalhar** (*trabajar*), que usará un poco más adelante en esta unidad:

falar	*hablar*	**morar**	*vivir*
fal*o*	*hablo*	**mor*o***	*vivo*
fal*as*	*hablas*	**mor*as***	*vives*
fal*a*	*habla*	**mor*a***	*vive*
fal*amos*	*hablamos*	**mor*amos***	*vivimos*
fal*ais*	*habláis*	**mor*ais***	*vivís*
fal*am*	*hablan*	**mor*am***	*viven*
trabalhar	*trabajar*		
trabalh*o*	*trabajo*		
trabalh*as*	*trabajas*		
trabalh*a*	*trabaja*		
trabalh*amos*	*trabajamos*		
trabalh*ais*	*trabajáis*		
trabalh*am*	*trabajan*		

¿Se ha dado cuenta que la letra **a** del infinitivo **-ar** se repite en todas las personas excepto en la 1ª persona del singular?

Nota: La conjugación de la segunda persona del plural se da a título indicativo ya que no se suele usar mucho. Es más habitual recurrir a la tercera persona del plural **(vocês)** para dirigirse a un grupo de personas a las que se tutearía individualmente y **os senhores**, **as senhoras** para hablar con un grupo de personas a las que se les hablaría de *usted* individualmente (**vós falais** ⇒ **vocês falam**; **os senhores falam**: vosotros habláis, ustedes hablan).

Ejercicios

3.1 En portugués, ¿cómo:

a le preguntaría a la señora Gomes dónde vive?
b diría que vive usted en España?
c diría que Maria vive en la plaza de la República?

d preguntaría dónde viven los sres. Neto?
e preguntaría a Renato si vive en Alemania?

3.2 Relacione las personas de la izquierda con la forma correcta del verbo **morar** y la forma correcta de **no/na** (*en el/la*) que tiene que mantener la concordancia con el lugar donde viven.

Eu (*yo*) —	**moro**	**no**	**praça**
	mora	**na**	
	moram	**nos**	
		nas	

a A Lúcia (*ella*)	moramos	—	avenida…
b Nós (*nosotros*)	mora	no	rua (*calle*)…
c (*usted*)	moro	na	beco (*callejón*)…
d Eles (*ellos*)	moram	—	praça…

Leitura

Lea o escuche el siguiente pasaje en el que João da su dirección y describe exactamente dónde vive.

> Moro em Silves no Algarve, na rua Samora Barros, número seis, e o apartamento fica no terceiro andar, à esquerda.

Ahora, lea y escuche la descripción del lugar donde vive Marília:

> Eu vivo em Portugal, em Lisboa. Vivo numa casa antiga na Praça de Camões, número quinze, segundo andar, à direita.

(o) número	*(el) número*
(o) apartamento	*(el) apartamento; (el) piso*
fica	*está* [situado], *queda*
(o/a) terceiro/a	*(el/la) tercero(a)*
(o) andar	*(el) piso*
à esquerda	*a la izquierda*
numa (**em** + **uma**)	*en una*
(a) casa	*(la) casa*
antigo/a	*antiguo(a)*
(o/a) segundo/a	*(el/la) segundo(a)*
à direita	*a la derecha*

Gramática

4. Os números *Los números*

Es inevitable encontrarse con números en todas partes: en las direcciones, para decir la hora, para hablar de dinero… Vamos a empezar contando de 0 a 20. Lea o escuche los números del recuadro e intente repetirlos todos los días. Practique diciéndolos en orden decreciente. Puede incluso pedirle a alguien que le ayude a repasarlos.

0	*zero*	**11**	*onze*
1	*um, uma*	**12**	*doze*
2	*dois, duas*	**13**	*treze*
3	*três*	**14**	*catorze*
4	*quatro*	**15**	*quinze*
5	*cinco*	**16**	*dezasseis*
6	*seis*	**17**	*dezassete*
7	*sete*	**18**	*dezoito*
8	*oito*	**19**	*dezanove*
9	*nove*	**20**	*vinte*
10	*dez*		

Los números *uno* y *dos* concuerdan en género y número con el nombre que definen. Por ejemplo, si habla de *dos casas* hay que decir **duas casas**.

5. 1º 2º, 3º...

primeiro	1°	quarto	4°
segundo	2°	quinto	5°
terceiro	3°	sexto	6°

Aprenderá los demás ordinales más adelante. Si se trata de un nombre femenino, como en español, la **-o** final se transforma en **-a**:

a terceira casa *la tercera casa*

Volveremos sobre estas palabras en la unidad 7 para hablar de los días de la semana y en la unidad 11 para hablar de direcciones.

6. Cómo se dice «un» o «una»

Al igual que en español, el artículo indefinido portugués equivalente a *un, una* se usa también como cifra *un(o), una:* **uma casa** (*una casa*) o **um apartamento** (*un piso*). Acuérdese de comprobar siempre en el vocabulario si un nombre es femenino o masculino. En los diccionarios, normalmente se indica con una *m* o una *f*. Cuando no se da ninguna indicación de género, significa que el nombre sigue la regla general de la terminación en **-o/-a**.

7. Cómo se dice «en un»

En el fragmento de **Leitura**, Marília usa la expresión **vivo *numa* casa antiga** (*vivo en una casa antigua*). Se trata de otro ejemplo de contracción similar a **no/na** que hemos visto en el punto 2 de esta unidad. Aquí se trata de **em + um/uma**, que se convierte en **num** y **numa**.

8. Los adjetivos

Los adjetivos, como **antigo** (*antiguo*), se suelen colocar detrás del nombre y concuerdan en género y número con él. Por consiguiente *un piso moderno* se dice **um apartamento moderno**, y *dos casas antiguas*, **duas casas antigas**. O *un piso antiguo* se dice **um apartamento antigo**, y *dos casas modernas*: **duas casas modernas**. Aprenderá más adjetivos en las unidades siguientes.

Ejercicio

3.3 Estas personas se han perdido. Lea las descripciones que dan del sitio donde viven y encuentre la placa correspondiente:

a

PRAÇA DE S. JORGE
N.º 6

Moro num apartamento moderno numa praça. Fica no terceiro andar, à direita.

i

b

Rua do Ouro
N.º 11

Moro na Rua do Ouro, número dezasseis, segundo andar.

ii

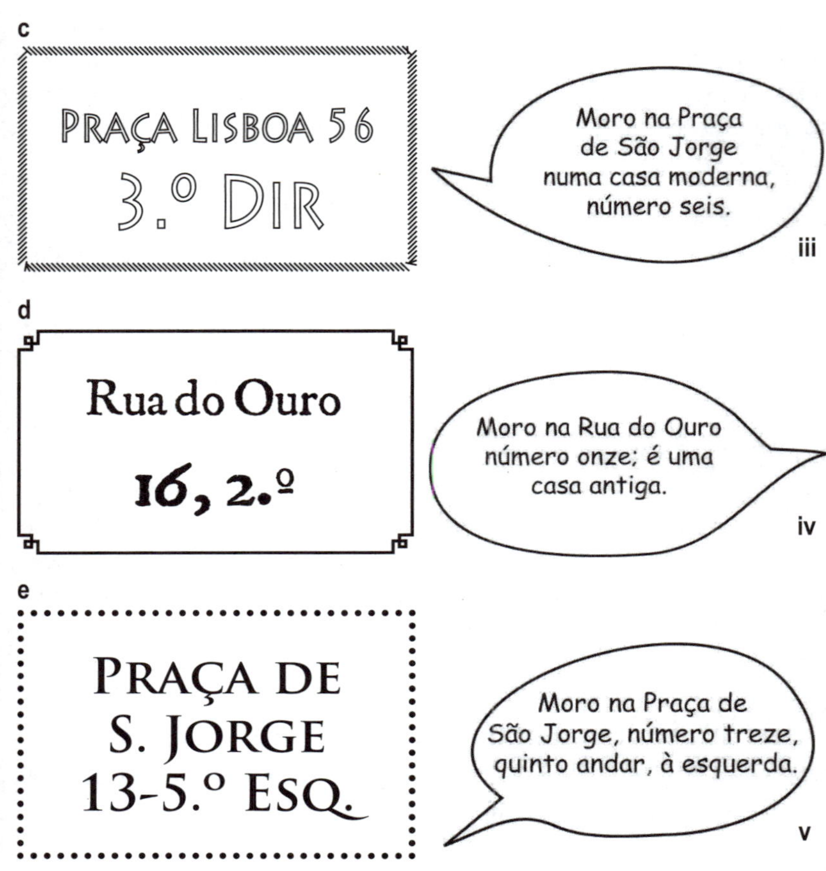

ⓘ Quizá haya observado las abreviaturas de los pisos que aparecen en las placas: **3.º**, **2.º**, etc., que significan *tercero, segundo*, etc. Estas son otras abreviaturas corrientes: **R.** (*calle*), **r/c** (**rés-do-chão**, *planta baja*), **Av.** (**avenida**), **Pr.** (**praça**, *plaza*), **esq.** (**esquerdo**), **dir.** (**direito**). Muchas calles están bautizadas con el nombre de héroes militares, personajes históricos famosos o acontecimientos históricos, como **25 de Abril** (*el 25 de abril:* fecha de la Revolución de los Claveles de 1974), o **Praça de Camões** (nombre del célebre poeta portugués).

Documento

Observe estas dos tarjetas de visita y descubra cuál de estos dos establecimientos pertenece al señor Mendes, cuyo negocio está en la planta baja de una calle.

Aberto das 7:30 às 21:30h. Encerra ao Sábado.
Rua Dr. Augusto E. Nunes, 40 r/c • 214579698

Café-Restaurante **O AVENIDA**

- **Cozinha Regional**
- **Petiscos**
- **Com nova sala de refeições**

Aberto das 7 às 23h. Encerra aos Domingos.
Av. São Sebastião, 25 • 213342872

Diálogo 2

Onde trabalha? *¿Dónde trabaja?*

Paulo y Maria hablan de su trabajo. Lea o escuche el siguiente diálogo y adivine dónde trabaja Maria y a qué se dedica Paulo.

Paulo	Maria, onde é que trabalha?
Maria	Trabalho em Faro, no aeroporto.
Paulo	E o que faz?
Maria	Sou controladora de tráfego aéreo. E o Paulo, onde trabalha?
Paulo	Sou bancário; trabalho num banco em Tavira.

¿Ha adivinado a qué se dedican? Maria trabaja en el aeropuerto de Faro como controladora aérea y Paulo es empleado de banca.

onde trabalha?	*¿dónde trabaja?*
onde é que trabalha?	*¿dónde trabaja?*
trabalho	*trabajo*
o que faz?	*¿a qué se dedica?*

Gramática

9. Onde (é que)...? *¿Dónde...?*

Es muy normal oír a los portugueses hacer preguntas ayudándose de la expresión **é que** (literalmente *es que*) que no tiene equivalente en español. Por ejemplo, se puede decir **onde é que mora?** (**onde mora?** *¿dónde vive?*) o **onde é que trabalha?** (**onde trabalha?** *¿dónde trabaja?*).

10. Las profesiones

Cuando se pregunta **onde trabalha?** o **o que faz?**, se puede contestar de dos formas diferentes, como ha hecho Maria en el diálogo. Se puede optar por decir **trabalho em...** (*trabajo en...*) y **sou...** (*soy...*). Cuando explique dónde trabaja acuérdese de usar las expresiones **num, numa, no** y **na**.

Por tanto, puede decir:

Trabalho num banco.	*Trabajo en un banco.*
Trabalho numa escola.	*Trabajo en un colegio.*
Trabalho num escritório.	*Trabajo en una oficina.*
Trabalho numa empresa.	*Trabajo en una empresa.*
Trabalho na universidade.	*Trabajo en la universidad.*
Trabalho no banco Espírito Santo.	*Trabajo en el banco. Espírito Santo.*

O:

Sou professor/professora.	*Soy profesor/a*
Sou estudante.	*Soy estudiante.*
Sou escritor/escritora.	*Soy escritor/a.*
Sou médico/médica.	*Soy médico/a.*
Sou enfermeiro/enfermeira.	*Soy enfermero/a.*
Sou advogado/advogada.	*Soy abogado/a.*

También podría ser **dona de casa** (*ama de casa*) u **homem/mulher de negócios** (*hombre/mujer de negocios*), o no trabajar: **não trabalho, estou reformado/a** (*no trabajo, estoy jubilado/retirado*), **estou desempregado/a** (*estoy en el paro*).

Ejercicios

3.4 Ahora le toca a usted:

- **a** Pregúntele al señor Gomes dónde trabaja.
- **b** Diga que es usted estudiante.
- **c** Pregunte a José a qué se dedica.
- **d** Diga dónde trabaja.
- **e** Diga que no trabaja.

3.5 Complete las operaciones: elija la cantidad correcta en la lista de la derecha.

a Dois + três	= ... treze
b Vinte – oito	= ... dezanove
c Dezassete – quatro	= ... dezoito
d Nove + nove	= ... cinco
e Dez – oito	= ... dois
f Quinze + quatro	= ... doze

3.6 Descubra dónde trabajan estas personas y luego rellene el crucigrama que aparece más abajo.

- **a** Sou estudante.
- **b** Sou bancário.
- **c** Sou mulher de negócios.
- **d** Sou controlador de tráfego aéreo.
- **e** Sou secretária.
- **f** Sou professora.

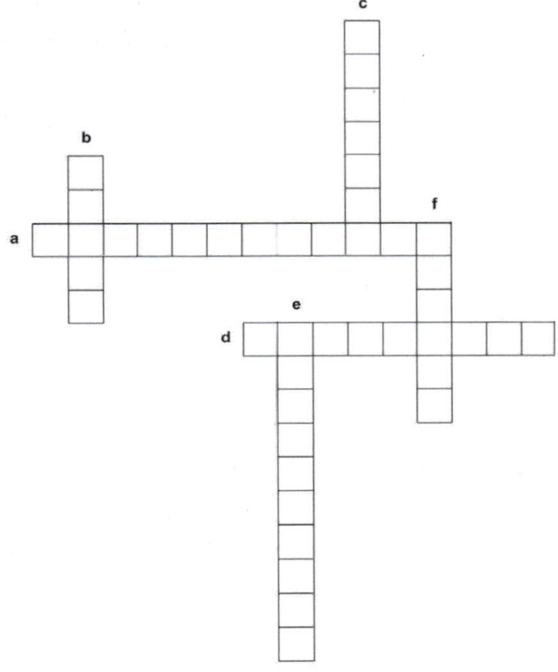

Autoevaluación

¿Puede:

- **a** contar hasta 20 en voz alta, en orden creciente y decreciente?
- **b** preguntar a los sres. Pereira dónde viven?
- **c** decir dónde vive usted?
- **d** describir el sitio donde vive?
- **e** decir que vive en una casa moderna?
- **f** preguntar a alguien dónde trabaja?
- **g** preguntar a alguien a qué se dedica?
- **h** decir cuál es su profesión?
- **i** decir dónde trabaja?

04

a família
la familia

En esta unidad aprenderá a:

- describir a la gente
- usar los posesivos
- describir y comparar a los miembros de una familia
- hablar de la edad

Antes de empezar

Antes de aprender más formas del verbo *ser*, repase la unidad 2 y asegúrese de que sabe decir *soy* y *(usted) es.*

Diálogo 1

A família *La familia*

Durante una velada, el sr. Moura presenta a los miembros de su familia a una amiga.

Alexandra	Boa tarde, senhor Moura. Está cá sozinho?
Sr. Moura	Não, estou com a minha família. Este é o meu filho Roberto, e esta é a minha filha mais velha, Sónia.
Alexandra	Muito prazer. E a senhora Moura?
Sr. Moura	Pois, a minha mulher é aquela senhora ali.
Alexandra	E quem é aquele senhor ali?
Sr. Moura	É o nosso chefe!

cá	*aquí*
sozinho/a	*solo(a)*
com	*con*
a minha família	*mi familia*
este (m)	*este*
o meu filho	*mi hijo*
esta (f)	*esta*
a minha filha	*mi hija*
mais velho/a	*mayor*
a minha mulher	*mi mujer*
aquela (f)	*aquella*
ali	*allí*
quem?	*¿quién?*
aquele (m)	*aquel*
o nosso chefe	*nuestro jefe*

ⓘ En portugués, existen equivalentes a *la mujer* y a *la esposa*, que son respectivamente: **a mulher** y **a esposa**. El valor de estas palabras es parecido al español, es decir, **esposa** es más formal que **mulher**. Si quiere preguntar por la mujer de alguien, diga: **como está a sua esposa?** En cualquier caso, para evitar malentendidos, si no sabe qué expresión usar, escuche con atención lo que se dice a su alrededor.

Gramática

1. Este/esse/aquele *Este/ese/aquel*

Seguramente se habrá fijado en las distintas palabras que se usan en el diálogo para designar a las personas. Al igual que en español, **este** (m)/**esta** (f) se usa con personas u objetos cercanos, **esse** (m)/**essa** (f) con personas u objetos que están cerca de la persona con quien se habla o que se acaban de mencionar, y **aquele** (m)/**aquela** (f) con personas u objetos alejados. En plural, basta con añadir una **-s**.

	este	**esta**	**estes**	**estas**
adjetivos	*este*	*esta*	*estos*	*estas*
pronombres	*este*	*esta*	*estos*	*estas*
	esse	**essa**	**esses**	**essas**
adjetivos	*ese*	*esa*	*esos*	*esas*
pronombres	*ese*	*esa*	*esos*	*esas*
	aquele	**aquela**	**aqueles**	**aquelas**
adjetivos	*aquel*	*aquella*	*aquellos*	*aquellas*
pronombres	*aquel*	*aquella*	*aquellos*	*aquellas*

Nota: También existen en portugués los pronombres demostrativos neutros **isto, isso** y **aquilo**, que son equivalentes a nuestros pronombres demostrativos neutros *esto, eso* y *aquello*.

Este é o meu/esta é a minha, **aquele é o meu/aquela é a minha** suelen traducirse simplemente por *le presento a mi* cuando se trata de presentar a una persona.

Esta é a minha esposa. *Le presento a mi mujer.*

2. O meu/o nosso *Mi/nuestro*

Las palabras como *mi/mío, nuestro,* etc., concuerdan con el objeto poseído en género y número. Estas palabras son adjetivos y, tal y como hemos visto en la unidad 2, todos los adjetivos concuerdan con la palabra que definen.

Observe que los adjetivos posesivos portugueses no se apocopan, como ocurre en español, y que en la tercera persona se puede decir **dele/dela**, una contracción de la preposición **de** y los pronombres personales **ele/ela** (*de él, de ella*).

Masculino		Femenino	
o meu	*mi (mío)*	**a minha**	*mi (mía)*
o teu	*tu (tuyo)*	**a tua**	*tu (tuya)*
dele/dela	*su (suyo)*	**dele/dela**	*su (suya)*
o seu	*su (suyo)*	**a sua**	*su (suya)*
o nosso	*nuestro*	**a nossa**	*nuestra*
o vosso	*vuestro*	**a vossa**	*vuestra*

Para formar el plural y hablar de varias personas u objetos poseídos, basta con añadir una **-s** a la forma singular:

as nossas filhas *nuestras hijas*

¿Se ha fijado en la presencia sistemática de los artículos definidos delante de los posesivos? Literalmente, *mi/mío* en portugués se dice *el mío*... **Dele/dela** es, como ya hemos dicho, un caso particular.

Nota: Los posesivos suelen colocarse normalmente delante de la cosa poseída:

a sua casa *su casa*

Sin embargo, en el caso de **dele/dela**, el posesivo se tiene que colocar después ya que se hace referencia al poseedor y no al objeto poseído:

a casa dele *su casa (de él)*

El plural de **dele/dela** también se forma añadiendo una **-s** al final, pero solo si hay varios poseedores:

a casa deles *su casa (de ellos)*

Lo normal es emplear **dele/dela** cuando se habla de una tercera persona y reservar **o seu/a sua** (*su*) para dirigirse a una persona a la que se le trata de *usted*.

3. Mais ou menos *Más o menos*

Para describir a una persona mayor, más joven, más alta, más baja, etc., hay que usar las palabras **mais** (*más*) y **menos** (*menos*) seguidas del adjetivo adecuado. Por ejemplo:

mais velho	*más viejo*	**o mais velho**	*el más viejo*
mais novo	*más joven*	**o mais novo**	*el más joven*
mais alto	*más alto*	**o mais alto**	*el más alto*

menos alto	*menos alto*	**o mais baixo**	*el más bajo*
mais baixo	*más bajo*		

Como es lógico, no hay que olvidarse de hacer la concordancia entre el adjetivo y el nombre al que se refiere. Un chica que es *más joven* será **mais nova**, y los chicos que sean *los más altos* serán **os mais altos**. Al igual que en español, las palabras que permiten hacer la comparación se colocan después de la persona o el objeto que definen:

sou mais alto	*soy más alto*
o filho mais alto	*el hijo más alto*

Ejercicios

4.1 Siga las instrucciones que se dan entre paréntesis y complete las frases con las palabras del siguiente recuadro.

(o) filho	*(el) hijo*	**(o) irmão**	*(el) hermano*
(a) filha	*(la) hija*	**(a) irmã**	*(la) hermana*
(o) marido	*(el) marido*	**(o) pai**	*(el) padre*
(a) mulher	*(la) mujer*	**(a) mãe**	*(la) madre*

a Este é (*mi hermano*) **...** .
b Aquela é (*nuestra madre*) **...** .
c Esta é (*su hija*) **...** .
d Estes são (*nuestros hijos*) **...** .
e Aquele é (*tu padre*) **...** .

4.2 ¿Cómo traduciría las siguientes frases?
a Ana es la hija más pequeña.
b Miguel es nuestro hermano más alto.
c Son mis hijos mayores.
d António es más bajo.
e Maria y Paula son más altas.

Leitura

Lea o escuche la descripción que hace el sr. Moura de su familia.

Tenho uma família bastante pequena. A minha mulher chama-se Rosa e é professora. Trabalha numa escola secundária em Braga. Ela é muito simpática e elegante. Temos três filhos: a Sónia é a mais velha, a Catarina é a do meio, e o Roberto, é o mais novo. A Sónia trabalha num hospital, e os outros dois são estudantes. O Roberto é alto e desportivo, e a Catarina é muito calma.

tenho	*tengo*
bastante	*bastante*
pequeno/a	*pequeño(a)*
(a) escola secundária/ (o) liceu	*(el) instituto*
muito	*muy*
simpático/a	*simpático(a)*
elegante	*elegante*
temos	*tenemos*
(o/a) mais velho/a	*(el/la) mayor*
é o/a do meio	*es el/la del medio*
(o) outro	*(el) otro*
desportivo/a	*deportista / deportivo(a)*
calmo/a	*tranquilo(a)*

Ejercicio

4.3 Ahora, intente contestar a estas preguntas sobre la familia Moura. Puede comprobar sus respuestas con el CD o en las **soluciones de los ejercicios**.

- **a** Como se chama a esposa do (*del*) senhor Moura?
- **b** Onde é que ela trabalha?
- **c** Quem é o filho mais novo?
- **d** Como é a Catarina?
- **e** O que faz a Sónia?
- **f** O Roberto é baixo?

Gramática

4. Ter *Haber/Tener*

Es importante conocer bien este verbo, ya que, en su función de auxiliar para los tiempos compuestos tendrá ocasión de emplearlo de nuevo un poco más adelante.

ter	*haber/tener*
tenho	*tengo*
tens	*tienes*
tem	*tiene*
temos	*tenemos*
tendes	*tenéis*
têm	*tienen*

5. Describir a las personas

El sr. Moura ha usado adjetivos para describir las características de los miembros de su familia. Ha empleado **simpático** (*simpático*), **elegante** (*elegante*), **desportivo** (*deportista*) y **calmo** (*tranquilo*). Hay un gran número de adjetivos para describir a la gente. En el recuadro le ofrecemos algunas sugerencias. Recuerde que los adjetivos tienen que concordar con las palabras que califican, por lo que hay que sustituir la terminación **-o** (m) por **-a** (f), **-os** (mpl), o **-as** (fpl) cuando corresponda.

solitário/a	*solitario(a)*
nervoso/a	*nervioso(a)*
sério/a	*serio(a)*
trabalhador(a)	*trabajador(a)*
preguiçoso/a	*perezoso(a)*
barulhento/a	*ruidoso(a)*
orgulhoso/a	*orgulloso(a)*
charmoso/a, encantador(a)	*encantador(a)*
artístico/a	*artístico(a)*
honesto/a	*honesto*

6. *Ser* o *estar*

Ya hemos visto en las unidades 1 y 2 que los verbos **ser** y **estar** funcionan igual que sus equivalentes en español. En la **Leitura**, el sr. Moura ha usado el verbo **ser** para describir a los miembros de su familia pero hubiese recurrido a **estar** para explicar, por ejemplo, cómo se encuentra uno de ellos en un momento concreto:

Ela é calma.	*Ella es tranquila.*
Ela está calma.	*Elle está tranquila.*

Recapitulemos las distintas formas verbales de **ser** y **estar**:

ser		**estar**	
sou	*soy*	**estou**	*estoy*
és	*eres*	**estás**	*estás*
é	*es*	**está**	*está*
somos	*somos*	**estamos**	*estamos*
sois	*sois*	**estais**	*estáis*
são	*son*	**estão**	*están*

Ejercicios

4.4 ¿Cómo traduciría las siguientes frases al portugués?

a ¿Tiene (usted) una hija?
b Tenemos dos hijos.
c ¿Tiene (ella) un hermano?
d Tengo una hermana.
e ¿Tienen (ustedes) hijos?

4.5 Encuentre en esta sopa de letras ocho palabras que describen características individuales. Las palabras pueden aparecer de izquierda a derecha, de derecha a izquierda, de arriba abajo, de abajo arriba y en diagonal.

P	R	E	G	U	I	Ç	O	S	O
A	T	C	L	I	A	T	I	T	V
T	S	A	O	S	S	E	N	A	I
R	E	L	I	E	P	E	E	V	T
I	N	M	N	Q	H	C	R	I	R
T	A	O	X	L	A	M	V	C	O
N	H	U	U	S	B	L	O	O	P
E	M	R	O	I	R	E	S	A	S
R	A	R	T	A	S	T	O	L	E
B	E	L	E	G	A	N	T	E	D

Documento

¿Qué tipo de persona busca esta tienda?

ADMISSÃO
PARA FOTÓGRAFOS
Idade até 25 anos, não estudante, trabalhador, disponibilidade imediata.
Hoje telef.: 238 139 174

Diálogo 2

Quantos anos tem? *¿Cuántos años tiene?*

Le preguntan al sr. Moura cuántos años tienen sus hijos.

Tânia	Senhor Moura, quantos anos tem o seu filho mais novo?
Sr. Moura	O mais novo, o Roberto, tem quinze anos.
Tânia	E as suas filhas?
Sr. Moura	Pois, a Catarina tem dezassete anos e a Sónia vinte.
Tânia	E o senhor? Quantos anos tem?
Sr. Moura	Eu? Ora bem, eu tenho...!

quantos anos tem?	*¿cuántos años tiene?*
(o) ano	*el año*
ora bem	*ahora bien*

En portugués, la edad se expresa igual que en español: **tenho X anos** significa *tengo X años*. Pregunte **Quando faz anos?** para saber la fecha del cumpleaños de alguien y diga **parabéns!** para decir *¡feliz cumpleaños!* (literalmente *¡felicidades!*)

Ejercicio

4.6 Forme dos frases con las siguientes palabras:

tem/filha/tem/Quantos/sua/?/onze/a/anos/Ela/anos

Autoevaluación

¿Podría:

a decir: le presento a mi marido/mi mujer?
b decir: le presento a mi hermano/mi hermana?
c decir: le presento a nuestro hijo/nuestra hija?
d decir: le presento a mi hermana más pequeña?
e describir a su marido/mujer/profesor?
f describir su propia forma de ser?
g preguntarle a alguien cuántos años tiene?
h decir su edad (¡de momento no puede tener más de 20 años!)?

05

gostos pessoais

los gustos personales

En esta unidad aprenderá a:

- conjugar un grupo verbal en presente
- decir lo que nos gusta/lo que no nos gusta
- describir un lugar
- hablar de preferencias

Antes de empezar

En esta unidad descubrirá distintas formas de dirigirse a la gente. Recuerde que entre amigos y entre jóvenes se emplea **tu**, y con las personas más mayores o con las que no se conocen bien se usa **o senhor/a senhora**, o el artículo **o/a** seguido del nombre de pila de la persona en cuestión. Como en español, los pronombres sujeto se suelen omitir por lo que lo normal es utilizar el verbo solo. Cuando hay que hablar a varias personas, se puede optar por el plural **os senhores/as senhoras**, o sencillamente por la forma en plural del verbo. El primer dialogo ilustra este hecho.

Diálogo

Gosta da comida portuguesa? *¿Le gusta la comida portuguesa?*

Fátima intenta saber si a la familia Martínez le gusta la comida portuguesa.

Fátima	Então, os senhores gostam da comida portuguesa?
Sr. Martínez	Gostamos muito. A comida é saudável e muito deliciosa.
Fátima	Ótimo*! A senhora Martínez gosta de sardinhas?
Sr.ª Martínez	Gosto, mas não muito. Têm muito sal. Gosto mais de frango.
Sr. Martínez	Eu também gosto de frango. A nossa filha gosta muito de arroz de marisco.
Fátima	Não gostam do caldo verde? É tipicamente português.
Sr.ª Martínez	Gostamos um pouco. E a Fátima, gosta da comida portuguesa?
Fátima	Claro, sou portuguesa, e os portugueses gostam imenso de comer!

os senhores gostam...?	*¿les gusta...?*
(a) comida portuguesa	*(la) comida portuguesa*
gostamos	*nos gusta*
muito	*mucho*
saudável	*sano(a)*
delicioso/a	*delicioso(a)*
gosta...?	*¿le gusta...?*
(a) sardinha	*(la) sardina*
gosto	*me gusta*
mas	*pero*
têm	*tienen*
(o) sal	*(la) sal*
gosto mais de	*me gusta más*

(o) frango	*(el) pollo*
também	*también*
(o) arroz de marisco	*(el) arroz con marisco*
não gostam...?	*¿no les gusta...?*
(o) caldo verde	*(la) sopa de col*
tipicamente	*típicamente*
um pouco	*un poco*
claro	*claro*
gostam	*les gusta*
imenso	*muchísimo*
comer	*comer*

Gramática

1. Los verbos en -ar

El verbo **gostar**, como algunos verbos que ya ha visto en las unidades 2 y 3 (**morar, trabalhar, falar**), es un verbo regular, es decir, que se atiene a las terminaciones verbales que caracterizan a un grupo de verbos. Pertenece al grupo de verbos portugueses más importante: el de los verbos que acaban en **-ar**. Al margen de algunas excepciones, todos estos verbos se conjugan igual:

- Se elimina la terminación **-ar** para obtener lo que se conoce como *raíz*.
  gostar – **ar** = **gost** (la raíz)
- A la raíz se le añade luego la terminación adecuada en función del sujeto.
- Para los verbos acabados en **-ar**, las terminaciones del presente de indicativo son las siguientes:
  raíz +

-o	*yo*
-as	*tú*
-a	*él, ella, usted*
-amos	*nosotros*
-ais	*vosotros*
-am	*ellos, ellas, ustedes*

Algunos ejemplos:

falo	*hablo*	**gostamos**	*nos gusta (*lit. *gustamos)*
moras	*vives*	**trabalhais**	*trabajáis*
trabalha	*trabaja;*	**moram**	*viven;*

Cuando el significado es ambiguo y no resulta fácil determinar quién realiza la acción, siempre se puede, como en español, usar los pronombres personales **ele** (*él*), **ela** (*ella*) o **eles** (*ellos*), **elas** (*ellas*).

2. Gostar (de) *Gustar*

El verbo **gostar** siempre va seguido de la preposición **de**, salvo en las respuestas cortas del tipo «me gusta/no me gusta». Observe que, a diferencia del español donde el sujeto es la cosa que se está valorando, en portugués, el sujeto es la persona que hace la valoración

Gosta de frango?	*¿Le gusta el pollo?*
Sim, gosto.	*Sí, me gusta.*
Gosto de frango.	*Me gusta el pollo.*

La palabra **de** se contrae con los artículos **o/a/os/as** para formar **do, da, dos, das**.

Gosto do frango.	*Me gusta el pollo.*
Gostamos das sardinhas.	*Nos gustan las sardinas.*
Ela não gosta da comida.	*No le gusta la comida.*

Nota: La contracción **do/da** se usa cuando se habla de un alimento determinado:

Gosto do frango.	*Me gusta el pollo.* (= el que hay en mi plato, el que sirven en este restaurante...)

Cuando se habla en general, no se hace la contracción:

Gosto de frango.	*Me gusta el pollo.* (= la carne de pollo)

3. Mucho, un poco

Si quiere explicar hasta qué punto le gusta o no le gusta algo, emplee las palabras **muito** (*mucho*), **um pouco** (*un poco*), **não muito** (*no mucho*), e **imenso** (*muchísimo*). Los portugueses emplean mucho este último término.

Ejercicios

5.1 ¿Cómo traduciría las siguientes frases al portugués?

- **a** ¿Les gusta el pollo, sres. Brito?
- **b** ¿No te gusta la sopa de col?
- **c** No, no me gusta.
- **d** Nos gustan mucho las sardinas.
- **e** A Paula le gusta un poco el arroz con marisco.
- **f** Le gusta muchísimo la comida portuguesa.

5.2 Complete de forma correcta los verbos de las frases siguientes con una de estas terminaciones: **-o/-as/-a/-amos/-am**.

a A Maria trabalh... num hospital.
b Eu não gost... do frango.
c Nós mor... em Lisboa.
d Tu não gost... do caldo verde?
e O senhor e a senhora Trindade fal... espanhol.

5.3 Dos familias están en un restaurante. Relacione las preguntas de la izquierda con las respuestas más probables de la derecha. Recuerde que algunas formas verbales pueden referirse a distintas personas.

a	Tu gostas do arroz de marisco?	**i**	Gostamos um pouco.
b	Os senhores gostam da comida?	**ii**	O Miguel gosta muito.
c	A Paula não gosta do frango?	**iii**	Sim, gosto muito.
d	Quem (*a quién*) gosta das sardinhas?	**iv**	Não, não gosta.
e	O seu filho não gosta do caldo verde?	**v**	Não, ela não gosta muito.

Documento 1

¿Qué plato elegiría en este restaurante?

Gosta de arroz de marisco?
Então venha experimentar.

Leitura

Lea o escuche el siguiente texto. Nuno habla de los países que prefiere su familia. Intente entender las razones de su elección.

Bom, gostamos todos da Suíça, porque é um país muito limpo, mas é um pouco caro para nós. Pessoalmente, prefiro a Austrália, porque tem um clima agradável. A minha mulher prefere Espanha, porque ela gosta imenso da comida espanhola. Não gostamos muito do Japão porque é muito movimentado. Preferimos um lugar mais calmo, como a Holanda. Os nossos filhos preferem o barulho. Eles gostam imenso dos Estados Unidos.

(a) Suíça	*Suiza*
porque	*porque*
(o) país	*(el) país*
limpo/a	*limpio(a)*
caro/a	*caro(a)*
para nós	*para nosotros*
pessoalmente	*personalmente*
prefiro	*prefiero*
(o) clima	*(el) clima*
agradável	*agradable*
prefere	*prefiere*
Espanha	*España*
(a) comida espanhola	*(la) comida española*
(o) Japão	*Japón*
movimentado/a	*animado(a)*
preferimos	*preferimos*
(o) lugar	*(el) lugar*
(a) Holanda	*Holanda*
preferem	*prefieren*
(o) barulho	*(el) ruido; (el) follón*
(os) Estados Unidos	*(los) Estados Unidos*

Ejercicios

CD1 • 22 **5.4** Sin mirar el texto de **Leitura**, intente contestar a las siguientes preguntas. Encontrará las respuestas en el CD y en las **soluciones de los ejercicios**.

a A família do Nuno gosta da Suíça?
b Porquê?
c Porque é que o Nuno prefere a Austrália?
d Eles gostam do Japão?
e Quem prefere Espanha?
f Porque é que os filhos preferem os Estados Unidos?

Gramática

4. Describir los sitios

En la unidad 4 ha aprendido algunos adjetivos para describir personas y en el texto de lectura de esta unidad ha descubierto adjetivos para describir lugares (ciudades, países): **limpo**, **caro** y **movimentado**.

Aquí tiene otros:

sujo/a	*sucio(a)*
aborrecido/a	*aburrido(a)*
desagradável	*desagradable*
moderno/a	*moderno(a)*
antigo/a	*antiguo(a)*
velho/a	*viejo(a)*
barato/a	*barato(a)*
bonito/a	*bonito(a)*
histórico/a	*histórico(a)*
interessante	*interesante*
cultural	*cultural*

5. (O) que prefere? *¿Qué prefiere?*

Cuando quiere preguntarle a alguien qué prefiere a la hora de hacer una elección, puede decir: **(o) que prefere?:**

O que prefere, frango ou sardinhas? *¿Qué prefiere, pollo o sardinas?*

También puede recurrir a **qual prefere?** *(¿Cuál prefiere?):*

Qual prefere, o Japão ou a Holanda? *¿Cuál prefiere, Japón u Holanda?*

No se olvide de poner el verbo en plural si habla a varias personas.

Documento 2

¿Qué tipo de vacaciones le invita a hacer este anuncio?

Ejercicios

5.5 Utilice todos los conceptos que acaba de aprender e intente:

- **a** Decir que prefiere Francia porque es un país histórico.
- **b** Preguntarle al sr. Antunes qué prefiere: Suiza o España.
- **c** Decir que Sónia prefiere Italia porque es interesante.
- **d** Preguntar a los sres. Oliveira qué prefieren: Estados Unidos o Japón.
- **e** Decir que preferimos Holanda porque es bonito.

5.6 Complete el crucigrama con los adjetivos que ha aprendido en esta unidad. Le damos la primera palabra.

Autoevaluación

¿Podría:

- **a** preguntarle a una persona (de forma educada) si le gusta el pollo?
- **b** decir que le gustan un poco las sardinas?
- **c** decir que a Miguel le gusta muchísimo la comida portuguesa?
- **d** preguntarle al sr. Martínez si no le gusta la sopa de col del restaurante?
- **e** decir que (usted) prefiere Portugal porque es interesante?
- **f** preguntar a los sres. Oliveira si prefieren Italia o Japón?
- **g** decir que preferimos la comida española?

06

em casa

en casa

En esta unidad aprenderá a:

- decir «hay»
- describir su casa
- decir dónde están las cosas

¿Se acuerda de cómo se dice en portugués *en* y *en un*? Si no se acuerda repase la unidad 3 para asegurarse de que domina estas expresiones antes de aprender otras nuevas.

Antes de empezar

Como en español, la palabra **casa** (*casa*) engloba el edificio y el lugar donde se vive (que puede ser un piso): tiene el sentido de *hogar*. La gente habla de su **casa** aunque vivan en un piso. Un piso que puede ser moderno o muy tradicional y situado en un edificio antiguo. En las ciudades pequeñas y en el campo, es más normal que las viviendas sean verdaderas casas. **Em casa** significa *en casa*, **vou a casa** significa *me voy a casa* y **vou para casa** *vuelvo a casa*.

Leitura 1

Lea o escuche cómo habla Roberto de dónde vive e intente entender lo que dice antes de leer el nuevo vocabulario.

Moro em Lisboa, num apartamento moderno. Fica no quinto andar dum prédio muito alto. O apartamento não é muito grande. Tem dois quartos, uma sala, uma cozinha e uma casa de banho. Gosto muito do apartamento porque é fácil de limpar. O prédio tem elevador mas, de vez em quando, não funciona. Essa é a única coisa de que não gosto!

(o) prédio	*(el) edificio*
grande	*grande*
tem	*tiene*
(o) quarto	*(el) cuarto/(la) habitación*
(a) sala	*(la) sala*
(a) cozinha	*(la) cocina*
(a) casa de banho	*(el) cuarto de baño*
é fácil de limpar	*es fácil de limpiar*
(o) elevador	*(el) ascensor*
de vez em quando	*de vez en cuando*
não funciona	*no funciona*
a única coisa	*lo único*
que	*que*

¿Ha sido capaz de adivinar algunos términos? Muchas palabras portuguesas se parecen o son iguales a las palabras españolas y es fácil deducir su traducción. Por ejemplo, **sala** es igual que *sala*, **cozinha** se parece a *cocina* y **banho** a *baño*.

Diálogo

A minha casa *Mi casa*

Lea o escuche ahora la descripción que hace Ana Maria a su amiga de su casa, situada en el pueblecito de Elvas.

Ana Maria	Gosto imenso da minha casa.
Júlia	Como é a casa?
Ana Maria	Bem, é bastante grande, e tem dois andares. Fica no Bairro da Boa Vista, e é típica da região.
Júlia	Quantas assoalhadas tem?
Ana Maria	No andar de baixo há uma sala de estar, e uma de jantar, e também uma cozinha grande.
Júlia	E no andar de cima?
Ana Maria	No andar de cima há dois quartos pequenos e um quarto grande com terraço e uma casa de banho bonita.

como é a casa?	*¿cómo es la casa?*
(o) Bairro da Boa Vista	*(el) barrio de Boa Vista*
típico/a da região	*típico(a) de la región*
quantas assoalhadas tem?	*¿cuántas habitaciones tiene?*
(o) andar de baixo	*(la) planta baja*
há	*hay*
(a) sala de estar	*(la) sala de estar*
(a) sala de jantar	*(el) comedor*
(o) andar de cima	*(el) primer piso*
com terraço	*con terraza*

Ejercicio

6.1 Observe los dos planos de casa siguientes. Uno es del piso de Roberto y el otro de la planta baja de la casa de Ana Maria. ¿Cuál es el de Roberto y cuál el de Ana Maria?

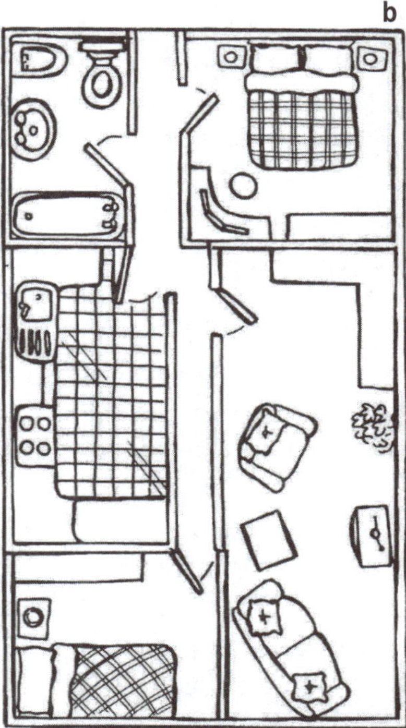

Gramática

1. Há *Hay*

Aquí tiene una palabra muy utilizada y muy práctica ya que, como su equivalente español *hay*, es impersonal y sirve para hablar de objetos singulares y plurales:

Há uma sala. *Hay una sala.*
Há dois quartos. *Hay dos habitaciones.*

También sirve para hacer preguntas.

Há uma cozinha? *¿Hay una cocina?*

Y se puede convertir en negativo (*no hay*) con solo poner **não** delante:

Não há uma casa de banho. *No hay cuarto de baño.*

Nota: en portugués, es optativo colocar el artículo indefinido **um/uma** (*un/una*) después de **não há** si el nombre es contable.

Não há (um) elevador. *No hay ascensor.*

(i) Para usar un ascensor en Portugal, tiene que saber interpretar los símbolos y saber decir a qué piso quiere ir. La planta baja se denomina **o rés-do-chão** (**o chão** quiere decir *el suelo*). Se indica con la abreviatura **r/c**. Los demás pisos suelen ir numerados 1.º, 2.º, 3.º, etc. El «º», como en español, corresponde a la última letra del número en cuestión: primeir<u>o</u>, segund<u>o</u>, etc. Los edificios portugueses suelen tener viviendas en los bajos que se llaman **a cave**, y se designan con el símbolo **c/v**.

Ejercicios

6.2 Observe el plano siguiente y complete luego el texto que describe la casa.

A casa da família Ferreira é antiga e ... da região. A casa tem ... quartos. Há dois ... e um ... com ... . No andar de cima também ... uma ... ... No ... há uma ..., uma sala ... estar e uma ... ...

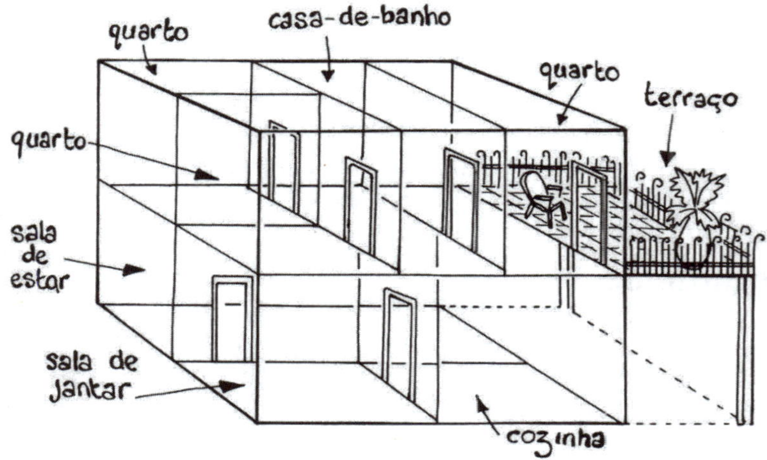

6.3 Ahora, hable de su propia casa. Empiece con **... a minha casa...**, y luego elija algunas palabras entre las que le ofrecemos en los recuadros para hacer la descripción. Si necesita ayuda, consulte las **soluciones de los ejercicios** en las que encontrará una respuesta tipo.

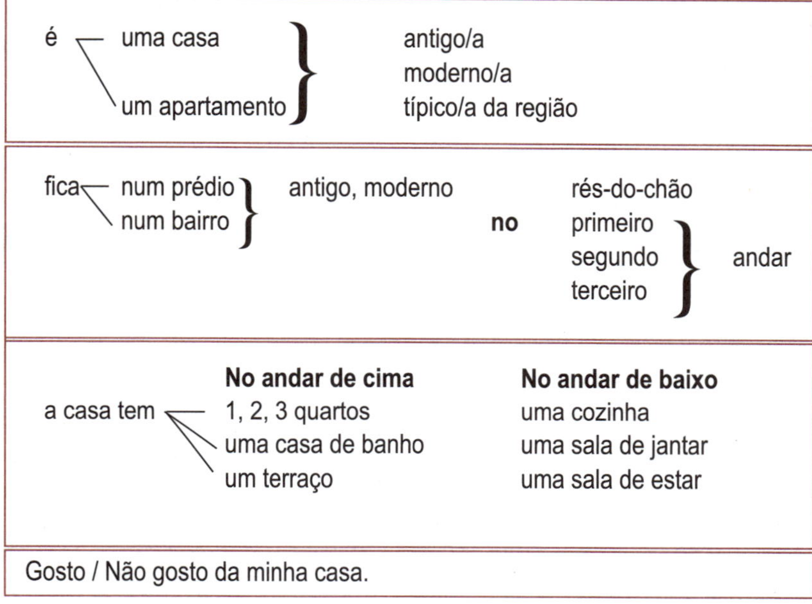
é — uma casa / um apartamento } antigo/a, moderno/a, típico/a da região

fica — num prédio / num bairro } antigo, moderno

no rés-do-chão / primeiro / segundo / terceiro } andar

a casa tem
No andar de cima: 1, 2, 3 quartos; uma casa de banho; um terraço
No andar de baixo: uma cozinha; uma sala de jantar; uma sala de estar

Gosto / Não gosto da minha casa.

Leitura 2

Lea o escuche con atención la visita guiada que nos hace Paula de su casa en la que nos describe las habitaciones y el mobiliario.

Primeiro, estamos na sala, onde há um sofá em frente da lareira, e ao lado do sofá, duas poltronas. Há um vaso de flores em cima da estante. Na cozinha há um fogão entre o frigorífico e a máquina de lavar. O meu gato está debaixo da mesa. No meu quarto há um quadro bonito na parede, e detrás da porta há um armário. Na casa de banho há um chuveiro.

primeiro	*primero; en primer lugar*
onde	*donde*
(o) sofá	*(el) sofá*
em frente de	*en frente de*
(a) lareira	*(la) chimenea*
ao lado de	*al lado de*
(a) poltrona	*(la) butaca*
(o) vaso de flores	*(el) jarrón de flores*
em cima de	*encima de*
(a) estante	*(la) estantería*

(o) fogão	*(la) cocina (electrodoméstico)*
entre	*entre*
(o) frigorífico	*(el) frigorífico*
(a) máquina de lavar	*(la) lavadora*
(o) gato	*(el) gato*
debaixo de	*debajo de*
(a) mesa	*(la) mesa*
(o) quadro	*(el) cuadro*
na (em + a)	*en la*
(a) parede	*(la) pared*
detrás de	*detrás de*
(a) porta	*(la) puerta*
(o) armário	*(el) armario*
(o) chuveiro	*(la) ducha*

Ejercicio

6.4 ¿Puede contestar a las siguientes preguntas sobre el texto de la lectura? Encontrará las respuestas en el CD o en las **soluciones de los ejercicios**.

a Onde está o sofá?
b O que há (*hay*) em cima da estante?
c Onde está o gato?
d Há uma mesa na cozinha?
e O que há no quarto da Paula?
f Há uma poltrona na casa de banho?

Gramática

2. Cómo se dice «en», «encima de» y «debajo de»

Muchas preposiciones portuguesas se componen de varias palabras y acaban con la palabra **de**. ¿Ha observado en este pasaje cómo se contrae la palabra **de** con **o/a** o **um/uma?** Estas formas contraídas no tendrán ningún secreto para usted dentro de poco ya que son muy comunes en portugués. Por ejemplo:

detrás da poltrona (= de + a)	*detrás de la butaca*
debaixo duma mesa (= de + uma)	*debajo de una mesa*

A medida que avance en este método, irá descubriendo más formas contraídas.

Ejercicios

6.5 Mire la disposición de la **sala de estar** de Jorge, y conteste verdadero (**verdadeiro**) o falso (**falso**) a las siguientes afirmaciones:

Na sala de estar:

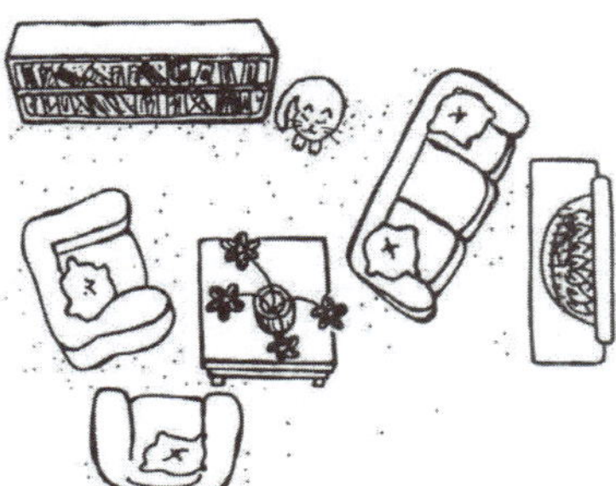

a Há três poltronas.
b O gato está detrás da estante.
c Há um vaso de flores debaixo da mesa.
d Há um sofá em frente da lareira.
e A estante está entre as poltronas.
f Há uma poltrona ao lado da mesa.

6.6 ¿Cómo traduciría las siguientes frases al portugués?

a El gato está encima del frigorífico.
b Hay un armario al lado de la estantería.
c ¿Hay un sofá detrás de la mesa?
d La ducha no está en la cocina.
e La cocina (*electrodoméstico*) está al lado de la lavadora.
f ¿Está el gato delante de la butaca?

Documento

a ¿Cuántas habitaciones hay?
b ¿Hay una chimenea en la sala?

CASA DE CAMPO

RIBATEJO

Linda moradia, sala c/ lareira, 3 quartos, 2 wc, c/ quintal e garagem. Sossego e ar puro.

Tel. 24 793 54 40/88 –Sr. Ferrerira

Autoevaluación

¿Podría:

- **a** describir qué tipo de vivienda tiene?
- **b** describir las habitaciones de su casa?
- **c** preguntarle a alguien cómo es su casa?
- **d** decir que tiene una cocina pequeña/un cuarto de baño grande?
- **e** decir que hay 2/3/4/5 habitaciones?
- **f** decir que no hay sala/comedor?
- **g** decir dónde está el sofá?
- **h** describir dónde está el frigorífico?
- **i** preguntar a alguien qué hay en su cuarto?

07

a vida diária

la vida diaria

En esta unidad aprenderá a:

- conjugar dos verbos irregulares
- contar de 21 a 100
- decir qué hora es
- hablar de actividades cotidianas
- decir los días de la semana
- conjugar otros dos grupos verbales

Antes de empezar

En esta unidad aprenderá a contar de 21 a 100. En la unidad 3 aprendió los números del 0 al 20. Quizá es un buen momento para repasarlos antes de seguir.

A. Lea o escuche los siguientes números y luego dé el equivalente en español de cada uno de ellos. Puede comprobar sus respuestas en el CD o en las **soluciones de los ejercicios**.

quinze	seis	dezanove	três	dezassete
quatro	dezasseis	cinco	catorze	sete

B. ¿Cómo se dicen los siguientes números en portugués? Puede comprobar sus respuestas en el CD o en las **soluciones de los ejercicios**.

12 6 18 2 15 10

Si ha superado ese pequeño test y ya se sabe bien estos números, puede seguir adelante. En caso contrario, siga practicando. Dígalos en voz alta cada día hasta saberlos bien. Entonces, estará listo para aprender los siguientes números.

Leitura

Lea o escuche cómo describe Rosa su vida diaria e intente entender qué hace durante la jornada.

> Levanto-me às sete horas da manhã. Tomo banho e visto-me. Às sete e meia tomo o pequeno-almoço, e saio para apanhar o autocarro às oito horas. Chego ao escritório às oito e vinte, e começo o trabalho às oito e meia. Ao meio-dia almoço. Saio do trabalho às cinco e um quarto e chego a casa às seis horas da tarde. Janto por volta das sete, e às quartas-feiras à noite vou a uma aula de francês. Deito-me às dez menos um quarto.

Lo que hace es:

levanto-me	*me levanto*
tomo banho	*me baño*
visto-me	*me visto*
tomo o pequeno-almoço	*desayuno*
saio para apanhar o autocarro	*salgo para coger el autobús*
chego ao escritório	*llego a la oficina*
começo o trabalho	*empiezo a trabajar*
almoço	*como/almuerzo*
janto	*ceno*
vou a uma aula de francês	*voy a una clase de francés*
deito-me	*me acuesto*

Lea o escuche de nuevo el pasaje e intente esta vez entender a qué hora hace Rosa cada cosa.

Se mencionan las siguientes horas:

às sete horas da manhã	*a las siete de la mañana*
às sete e meia	*a las siete y media*
às oito horas	*a las ocho*
às oito e vinte	*a las ocho y veinte*
às oito e meia	*a las ocho y media*
ao meio-dia	*al mediodía*
às cinco e um quarto	*a las cinco y cuarto*
às seis horas da tarde	*a las seis de la tarde*
por volta das sete	*hacia las siete*
às quartas-feiras à noite	*los miércoles por la noche*
às dez menos um quarto	*a las diez menos cuarto*

Gramática

1. Dos verbos irregulares

A excepción de **visto-me**, **saio** y **vou**, todos los verbos que corresponden a las actividades de Rosa se conjugan como los verbos regulares en **-ar**, cuya formación ha aprendido en la unidad 5. *Llega* es **chega**, *comenzamos* será **começamos**, y *cenan* será **jantam**. Si ha olvidado las terminaciones verbales, repase la unidad 5 para recordarlas. Hablaremos de **visto-me** un poco más tarde, pero los otros dos verbos pertenecen a grupos verbales cuyas terminaciones suelen ser a menudo muy distintas.

	sair	*salir*		ir	*ir*
eu	saio	*salgo*	eu	vou	*voy*
tu	sais	*sales*	tu	vais	*vas*
ele/ela / o sr./a sr.ª / você	sai	*sale*	ele/ela / o sr./a sr.ª / você	vai	*va*
nós	saímos	*salimos*	nós	vamos	*vamos*
vós	saís	*salís*	vós	ides	*vais*
eles/elas / os sr.es/as sr.as / vocês	saem	*salen*	eles/elas / os sr.es/as sr.as/ vocês	vão	*van*

2. Visto-me *Me visto*

Se habrá dado cuenta de que algunos verbos que describen las actividades de Rosa van acompañados del sufijo **-me**. Ya lo habíamos visto en la unidad 1 con **chamo-me** (*me llamo*). Este **-me** corresponde al pronombre reflexivo español *me*: *me levanto, me llamo, me visto,* etc. Estos verbos son verbos pronominales y los pronombres reflexivos se refieren al sujeto. Cuando se habla de terceros, hay que usar como en español los pronombres adecuados. En el siguiente recuadro, aparece el verbo *levantarse* en todas sus formas

(eu)	levanto-me	*me levanto*
(tu)	levantas-te	*te levantas*
(ele/ela/o sr./a sr.ª/você)	levanta-se	*se levanta*
(nós)	levantamo-nos	*nos levantamos*
(vós)	levantais-vos	*os levantáis*
(eles/elas/os sr.es/ as sr.as/vocês)	levantam-se	*se levantan*

Cuidado con la forma verbal que corresponde a **nós**, ya que pierde la **-s** final de su terminación verbal.

3. As horas *La hora*

• Para preguntar la hora de algo en portugués se usa esta expresión:

A que horas...? *A qué hora...?*

Para dar las horas en punto diga:

às	+	**el número**	+	**(horas)**	+	**da manhã**
						da tarde
						da noite

às sete	(horas)	da manhã	= a las siete de la mañana
às nove	(horas)	da noite	= a las nueve de la noche
às vinte	(horas)		= a las veinte horas

Se puede omitir la palabra **horas** después de la cifra.

- Entre la hora en punto y la media, se procede de la siguiente forma:

às	+	**la hora**	+	**e** *(y)*	**um quarto** *(cuarto)*
					meia *(media)*
					... minutos *(minutos)*

às cinco e vinte	a las cinco y veinte
às três e um quarto	a las tres y cuarto
às oito e meia	a las ocho y media
às catorze e quinze	a las catorce y quince

Siempre se puede especificar si se habla de la mañana (**da manhã**), de la tarde (**da tarde**) o de la noche (**da noite**).

- Para dar la hora más allá de y media, se hace lo siguiente:

às	+	**la hora siguiente**	+	**menos** *(menos)*	+	minutos que faltan/ **um quarto**

às dez menos vinte a las diez menos veinte

- Casos particulares:

ao meio-dia	*al mediodía*
à meia-noite	*a medianoche*
à uma hora	*a la una*

4. Os números de 21 a 100 *Los números de 21 a 100*

Para poder hablar de la hora, al menos debe conocer los números hasta el 60. Esta nueva serie le permitirá contar hasta 100.

21	vinte e um/uma	**50**	cinquenta
22	vinte e dois/duas	**60**	sessenta
23	vinte e três	**70**	setenta
24	vinte e quatro	**80**	oitenta
25	vinte e cinco	**90**	noventa
30	trinta	**100**	cem
40	quarenta		

¿Ha entendido cómo se forman los números compuestos? Use la palabra **e** (*y*) para unir los elementos entre sí. Cuando aparecen las cifras *uno* o *dos* en un número, recuerde que hay que elegir la forma masculina o la femenina, según sea el caso. Como en español, existen dos formas para 100: **cem** se usa cuando se trata de una cifra redonda (100), y **cento** para toda combinación de número superior a cien (101, 125, etc.).

Ejercicios

7.1 Lea en la agenda de Maurício lo que hace el miércoles (**quarta-feira**) y complete las frases que hablan de sus actividades.

quarta-feira			
7h15	levanto-me	17h20	saio do trabalho
8h30	saio	18h45	janto
9h00	começo o trabalho	19h40	aula de japonês
13h00	almoço	11h25	deito-me

a O Maurício ... às sete e um quarto.
b Começa o trabalho às ....
c Ele ... às ... menos ... .
d Às oito menos vinte da noite tem uma ... ...
e O Maurício almoça ... .

7.2 Los número de la lista son los que aparecen en las puertas de las casas. Únalos correctamente a las ilustraciones.

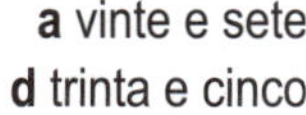
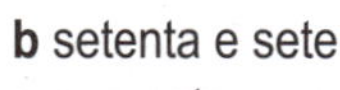

a vinte e sete	**b** setenta e sete	**c** noventa e três
d trinta e cinco	**e** quarenta e um	**f** noventa e seis

7.3 Una los relojes a las actividades de Maria, Jorge, Manuel, Lídia y Filipe.

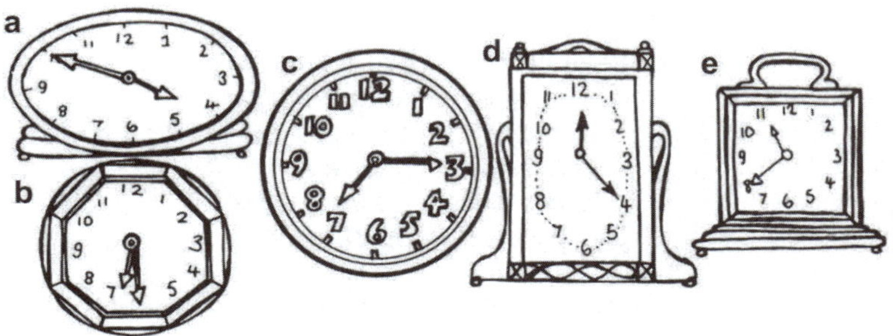

- **i** A Maria levanta-se às seis e meia.
- **ii** O Jorge almoça ao meio-dia e vinte.
- **iii** O Manuel sai do trabalho às cinco menos dez.
- **iv** A Lídia janta às sete e um quarto.
- **v** O Filipe chega ao trabalho às onze menos vinte.

7.4 Responda ahora a las siguientes preguntas sobre sus propias actividades. Puede comparar sus respuestas con las respuestas tipo que se ofrecen en las **soluciones de los ejercicios**.

a ¿A qué hora se levanta?
b ¿A qué hora come?
c ¿A qué hora llega a casa?
d ¿A qué hora se acuesta?

Diálogo 1

Aos fins de semana*... *Los fines de semana...*

Rui y Ana hablan de lo que hacen los fines de semana.

Rui A que horas é que se levanta aos sábados?
Ana Geralmente às oito e meia. Eu e o meu marido vamos às compras, e o nosso filho vai jogar futebol com os amigos.
Rui E a que horas é que almoçam?
Ana Em geral não comemos muito ao almoço. Jantamos por volta das sete horas. E o Rui?
Rui Em minha casa jantamos mais tarde, e depois saímos para passear na praça.
Ana O que é que faz aos domingos?
Rui Bem, a minha mulher levanta-se cedo e depois de tomar o pequeno-almoço vai à igreja. Passamos o resto do dia em família, e não nos deitamos muito tarde.

aos sábados	*los sábados*
geralmente	*generalmente*
em geral	*en general*
(ir) às compras	*(ir) de compras*
vai jogar futebol	*va a jugar a fútbol*
(o/a) amigo/a	*(el/la) amigo(a)*
comemos	*comemos*
mais tarde	*más tarde*
depois (de)	*luego, después (de)*
para passear	*para pasear*
(a) praça	*(la) plaza*
aos domingos	*los domingos*
cedo	*temprano*
tomar	*tomar*
(a) igreja	*(la) iglesia*
passamos	*pasamos*
(o) resto do dia	*(el) resto del día*
em família	*en familia*

Gramática

5. Cómo se dice «en» y «en el/la»

La preposición **a** (*en/a*), al igual que **de**, se contrae con **o** y **a:**

ao = a + o	aos = a + os	à = a + a	às = a + as
ao trabalho	*en el trabajo*	**à igreja**	*en la iglesia*
aos escritórios	*en las oficinas*	**às casas**	*en las casas*

Nota: Tanto la preposición **a** como la preposición **para** se suelen emplear con un verbo de movimiento, como **ir** (*ir*), pero existe una diferencia de matiz:

Vou a casa. *Voy a casa.* sobreentendido: va a volver
Vou para casa. *Vuelvo a casa.* sobreentendido: se quedará

6. Os dias da semana *Los días de la semana*

Estos son los días de la semana.

segunda-feira	*lunes*	**sexta-feira**	*viernes*
terça-feira	*martes*	**sábado**	*sábado*
quarta-feira	*miércoles*	**domingo**	*domingo*
quinta-feira	*jueves*		

Lo días de la semana se numeran: 2ª, 3ª, etc. Son femeninos salvo **sábado** y **domingo**, que son masculinos. Cuando se habla, es normal no decir «**feira**» y hablar solo de **terça, quinta,** etc.

na segunda	*(durante) el lunes*
no domingo	*(durante) el domingo*
às sextas	*los viernes*
aos sábados	*los sábados*

Nota: Observe que en portugués se usa la preposición **em** (contraída con los artículos definidos **o/a**) cuando se trata de un acontecimiento ocasional:

Parto na terça-feira. *Me voy el martes.*

y la preposición **a** (contraída con los artículos definidos **o/a**) cuando se trata de un acontecimiento regular:

Tenho aula de japonês às quintas-feiras. *Tengo clase de japonés los jueves.*
Aos domingos, ela vai à igreja. *Va a la iglesia los domingos.*

En español, lo más normal es usar el artículo definido en singular para indicar que se trata de una actividad esporádica y en plural para dar a entender que se trata de algo que se hace habitualmente.

7. A que horas é que se levanta? *¿A qué hora se levanta?*

Quizá se haya dado cuenta de que el pronombre personal reflexivo **se** cambia de posición en esta pregunta. En la descripción, Rosa ha dicho **levanto-me**. Cuando uno de esos verbo pronominales se emplea en una pregunta, el pronombre reflexivo se coloca delante del verbo.

8. Não nos deitamos tarde *No nos acostamos tarde*

El pronombre reflexivo también cambia de posición y se coloca delante del verbo en las frases negativas:

Levanta-se cedo.	*Se levanta temprano.*

pero:

Não se levanta tarde.	*No se levanta tarde.*

9. Lor grupos verbales en -er e -ir

Hasta ahora ha trabajado con verbos del grupo **-ar** y algunos verbos irregulares. Existen otros dos grupos verbales de los que ha visto ejemplos en el diálogo. Son los verbos acabados en **-er** e **-ir**.

comer *comer*		**partir** *irse*	
eu	**como**	**eu**	**parto**
tu	**comes**	**tu**	**partes**
ele, ela **o sr./a sr.ª/você**	**come**	**ele, ela** **o sr./a sr.ª/você**	**parte**
nós	**comemos**	**nós**	**partimos**
vós	**comeis**	**vós**	**partis**
eles, elas **os sr.es/as sr.as/vocês**	**comem**	**eles, elas** **os sr.es/as sr.as/vocês**	**partem**

¿Se ha fijado en los parecidos entre los dos? Hemos visto en el punto 2 de la gramática 2 el verbo **visto-me** (*me visto*). Pertenece al grupo **-ir**, aunque la primera persona del singular es ligeramente diferente.

Documento

¿Cuándo cierra este establecimiento?

PETISCOS

CARACÓIS
PÃO COM CHOURIÇO

Aberto das 7:30 ás 22:00h.
Encerra á 4.° feira, de manhà.

Bairro da Malagueira
Rua da Conduta, 16
Tel. 218735862

Ejercicios

7.5 ¿Cómo traduciría usted las siguientes frases al portugués?

- **a** Me levanto temprano.
- **b** No se acuesta tarde.
- **c** ¿A qué hora os vestís?
- **d** No nos vestimos rápidamente (**rapidamente**).
- **e** ¿Cómo se llaman?
- **f** ¿A qué hora te levantas?

7.6 De entre las opciones del recuadro, seleccione la forma correcta del verbo en infinitivo para completar las frases.

- **a** (compreender) — Ele ... *(comprende)*
- **b** (partir) — A senhora ... *(se va)*
- **c** (comer) — Nós ... *(comemos)*
- **d** (viver) — O senhor e a senhora Neto ... *(viven)*
- **e** (abrir) — Tu ... *(abres)*
- **f** (beber) — O senhor Martin ... *(bebo)*

parte	**come**	**vivem**	**compreende**
abres	**bebe**	**partes**	**vivemos**
compreendo	**comemos**	**abro**	**bebemos**

Diálogo 2

Que horas são? *¿Qué hora es?*

El sr. Buisel quiere llegar a tiempo al aeropuerto. Le pregunta a su vecina qué hora es.

Sr. Buisel	Bom dia, Dona Ana Maria.
D.ª Ana Maria	Bom dia, senhor Buisel.
Sr. Buisel	Desculpe, mas a senhora sabe que horas é que são?
D.ª Ana Maria	São duas menos cinco.
Sr. Buisel	Obrigado. Preciso de ir para o aeroporto. Até breve.

sabe que horas são?	*¿sabe qué hora es?*
preciso de	*necesito*
(o) aeroporto	*(el) aeropuerto*
até breve	*hasta pronto*

Gramática

10. Que horas são? *¿Qué hora es?*

Tal y como hemos visto en el punto de gramática 3, en portugués la hora se dice en plural. La estructura para preguntar la hora es idéntica que en español, pero el verbo se pone en plural: **são**. A la hora de contestar, el mecanismo es el mismo que en español. El verbo se pone en plural salvo para *la una, el mediodía* y *medianoche*.

São cinco menos vinte.	*Son las cinco menos veinte.*
É meia-noite e um quarto.	*Son las doce y cuarto de la noche.*

(i) El sr. Buisel ha llamado a su vecina «Dona Ana Maria». La palabra **dona** se usa para dirigirse respetuosamente a las mujeres de cierta edad. A veces también se oye **a senhora Dona Ana Maria**. Estos dos tratamientos se pueden emplear con verbos y se conjugan en tercera persona del singular.

A Dona Patrícia está boa?	*¿Se encuentra bien, señora Patrícia?*

En portugués, uno se puede dirigir a los demás de muchas maneras. Intente imitar lo que dice la gente que le rodea y, en caso de duda, es mejor pasarse de educado que quedarse corto.

Autoevaluación

¿Podría:

- **a** describir su vida diaria?
- **b** preguntar a alguien a qué hora se levanta?
- **c** contar hasta 100 en voz alta?
- **d** decir que no vamos a acostarnos antes de (**antes das**) 22h30?
- **e** preguntarle a Paulo a qué hora come los domingos?
- **f** decir que no come demasiado los martes?
- **g** preguntarle a Jorge a qué hora va a la iglesia?
- **h** preguntarle a alguien qué hora es?

08

tempos livres

el tiempo libre

En esta unidad aprenderá a:

- hablar en portugués con brasileños
- hablar de actividades que nos gustan
- preguntar a la gente qué le gusta hacer en su tiempo libre
- hablar de la frecuencia de una actividad
- conjugar cuatro verbos irregulares

Antes de empezar

Antes de conocer los nuevos verbos de esta unidad, quizá sería conveniente repasar las explicaciones relativas a los verbos del grupo **-ar** en la unidad 5, y los verbos del grupo **-er** e **-ir** de la unidad 7.

Diálogo

Na rua *En la calle*

Se está efectuando un estudio de mercado en la calle para saber qué le gusta hacer a la gente en su tiempo libre. La encuestadora plantea unas preguntas a un grupo de tres transeúntes.

Entrevistadora	Boa tarde. Com licença, posso lhes fazer uma pergunta?
Miguel	Claro. O que quer saber?
Entrevistadora	O que é que vocês gostam de fazer nos tempos livres?
Miguel	Ora bem. Nos meus tempos livres gosto de ouvir música clássica e de pintar.
José	Eu gosto de ir à piscina e, de vez em quando, gosto de passear no campo.
Entrevistadora	E você? O que gosta de fazer nos seus tempos de lazer?
Ana	Pois, gosto muito de ler e de ver televisão.
Entrevistadora	E que gosta de ver?
Ana	Adoro as telenovelas brasileiras.
Entrevistadora	Ótimo*!

posso...?	*¿puedo?*
lhes	*les/los*
fazer uma pergunta	*hacer una pregunta*
o que quer saber?	*¿qué quiere saber?*
o que é que vocês gostam de fazer?	*¿qué les gusta hacer?*
nos (em + os)	*en los*
(os) (seus) tempos livres/ tempos de lazer	*(su) tiempo libre*
ouvir	*oír; escuchar*
(a) música clássica	*(la) música clásica*
pintar	*pintar*
(a) piscina	*(la) piscina*
(o) campo	*(el) campo*

e você?	*¿y usted?*
o que gosta de fazer?	*¿qué le gusta hacer?*
ler	*leer*
ver	*ver*
(a) televisão	*(la) televisión*
(a) telenovela	*(la) telenovela*

Gramática

1. Você, vocês *Usted, ustedes/vosotros*

¿Se ha dado cuenta de que la encuestadora usa una palabra nueva para dirigirse a las personas del grupo? Mientras que en Portugal, el uso de **tu** y de **você** se parece mucho a sus equivalentes españoles respectivos (*tú* y *usted*), en Brasil solo se usa **você** sea cual sea el grado de familiaridad con la persona con la que se habla (un poco como ocurre con el *vos* en hispanoamérica). Cómo tratamiento de cortesía, los brasileños usan **o senhor/a senhora**, igual que en Portugal. En ambos países **vocês** se usa para el *vosotros* español.

2. Posso? *¿Puedo?*

Las respuestas típicas a la pregunta **posso?** son **pode** (*puede*), **sim pode** (*sí, puede*), o **claro que pode** (*claro que puede*). Aquí tiene el resto de las formas del verbo:

tu	**podes**
ele/ela /você/ o sr./ a sr.ª	**pode**
nós	**podemos**
vós	**podeis**
eles/elas/vocês/os sr.es/as sr.as	**podem**

Por ejemplo, se puede usar **posso?** en una cafetería o en un restaurante cuando se necesita una silla de la mesa de al lado que parece libre.

3. O que (é que) gosta de fazer? *¿Qué le gusta hacer?*

Ya vimos en la unidad 5 que el verbo **gostar de** (*gustar*) se usa con nombres para describir lo que nos gusta y lo que no nos gusta. Puede usar este mismo verbo para hablar de cosas que le gustaría hacer. Además, **gostar** es un verbo del grupo **-ar** y, por tanto fácil de conjugar, que permite hablar de lo que les gusta a los demás.

O Nuno gosta de pintar.	*A Nuno le gusta pintar.*
Gostamos de ouvir música.	*Nos gusta escuchar música.*

Además de las que hay en el diálogo, aquí tiene una lista de actividades que se pueden hacer durante el tiempo libre.

praticar desporto	*practicar deporte*
ir ao teatro	*ir al teatro*
nadar	*nadar*
andar	*andar*
viajar	*viajar*
costurar	*coser*
trabalhar no jardim/jardinar	*cuidar el jardín*
dançar	*bailar*
fazer bricolage	*hacer bricolaje*
fazer coleção* de...	*coleccionar..*

Ejercicios

8.1 En portugués, ¿podría :

a preguntar a Maria lo que le gusta hacer en su tiempo libre?
b decir que le gusta coser?
c preguntarles a los sres. Silvia si les gusta viajar?
d preguntar a José y Nuno si les gusta practicar deporte?
e decir lo que no le gusta hacer?
f preguntar a una persona a la que conoce muy bien si le gusta nadar en su tiempo libre?

CD1 • 34

8.2 Está usted paseándose con su familia por las calles de Oporto cuando un encuestador les para para preguntarle qué le gusta hacer en su tiempo libre. Como es el/la único/a que habla portugués, contesta en nombre de todos. Siga las indicaciones que se le dan para completar el diálogo. Encontrará las respuestas en el CD y en las **soluciones de los ejercicios**.

Entrevistador	Bom dia. Com licença, posso lhes fazer umas perguntas?
a Usted	*Diga sí, que claro.*
Entrevistador	São portugueses?
b Usted	*Diga que no, que no son portugueses. Que son españoles. Dígale de qué ciudad son.*
Entrevistador	Mas fala português?
c Usted	*Diga que sí, que habla un poco de portugués.*
Entrevistador	Muito bem. Então, o que é que gostam de fazer nos tempos livres?
d Usted	*Diga que les gusta ir al teatro.*

Entrevistador E a sua família?
e Usted *Diga que a su marido/mujer le gusta cuidar el jardín y que a sus hijos les gusta el deporte.*
Entrevistador E gostam de visitar Portugal?
f Usted *Diga: ¡claro!*

Documento 1

¿Podría interesar este artículo a los aficionados al arte?

Casa do Brasil

CENTRO DE LÍNGUA, ARTE E CULTURA

Monólogo 1

Lea o escuche el relato de Sónia sobre lo que le gusta hacer.

Gosto muito de ouvir música. Às vezes ouço música rock mas geralmente prefiro música jazz. Aos fins de semana* passo muito tempo a ler. Leio revistas e jornais, e gosto de livros românticos. Vou muitas vezes à biblioteca para ler.

às vezes	*a veces*
ouço	*oigo; escucho*
passo muito tempo a ler	*paso mucho tiempo leyendo*
leio	*leo*
(a) revista	*(la) revista*
(o) jornal (plural: **jornais**)	*(el) periódico*
(o) livro	*(el) libro*
romântico/a	*romántico(a)*
muitas vezes	*muchas veces*
(a) biblioteca	*(la) biblioteca*

CD1 • 36 Monólogo 2

Descubra ahora qué le gusta hacer a Nuno y cuándo.

Gosto imenso de praticar desporto. Adoro jogar ténis e todos os dias tento jogar pelo menos uma hora. Também faço coleção* de selos e todas as noites vejo televisão. O meu programa preferido é "A roda da Sorte".

jogar ténis	*jugar a tenis*
todos os dias	*todos los días*
tento	*intento*
pelo menos	*por lo menos*
faço coleção* de selos	*colecciono sellos*
todas as noites	*todas las noches*
vejo	*veo*
o meu programa preferido	*mi programa favorito*
A roda da Sorte	*La ruleta de la fortuna*

Gramática

4. A veces, a menudo, nunca

Existen muchas palabras para expresar la noción de frecuencia. Ya ha visto algunas en los monólogos (**às vezes, muitas vezes, todos os dias, todas as noites**). Este recuadro le presenta algunas más.

nunca	*nunca*
de vez em quando	*de vez en cuando*
uma vez por (semana)	*una vez (a la semana)*
cada (mês)	*cada (mes)*
todos os dias	*todos los días*
poucas vezes	*pocas veces*

Por regla general, estas expresiones se suelen situar delante del verbo:

Nunca vou ao cinema. *Nunca voy al cine.*

Sin embargo, algunas se colocan al final de la frase:

Vejo televisão todos os dias. *Veo la televisión todos los días.*

5. Ouço, leio, vejo, faço *Oigo, leo, veo, hago*

Los verbos **ouvir, ler, ver** y **fazer** son irregulares. En el siguiente cuadro encontrará su formas completas:

	ouvir	*oír*	**ler**	*leer*
(eu)	**ouço**	*oigo*	**leio**	*leo*
(tu)	**ouves**	*oyes*	**lês**	*lees*
(ele, ela, você, o sr./a sr.ª)	**ouve**	*oye*	**lê**	*lee*
(nós)	**ouvimos**	*oímos*	**lemos**	*leemos*
(vós)	**ouvis**	*oís*	**ledes**	*leéis*
(eles, elas, vocês, os sr.es/as sr.as)	**ouvem**	*oyen*	**leem***	*leen*
	ver	*ver*	**fazer**	*hacer*
(eu)	**vejo**	*veo*	**faço**	*hago*
(tu)	**vês**	*ves*	**fazes**	*haces*
(ele, ela, você, o sr./a sr.ª)	**vê**	*ve*	**faz**	*hace*
(nós)	**vemos**	*vemos*	**fazemos**	*hacemos*
(vós)	**vedes**	*veis*	**fazeis**	*hacéis*
(eles, elas, vocês, os sr.es/as sr.as)	**veem***	*ven*	**fazem**	*hacen*

6. Para *Para*

En el relato de Rosa, quizá se haya dado cuenta que, cuando emplea la expresión **para ler**, la palabra **para** tiene la misma función que la palabra española *para*. Se usa delante de los verbos cuando existe la intención de llevar a cabo una acción:

Vou à cidade para fazer compras. *Voy a la ciudad para hacer compras.*

Ejercicios

8.3 Complete las siguientes frases con las palabras del recuadro.

Eu gosto de ler ... de aventura. ... todos os ..., e também ... televisão. O meu marido ... música clássica e ... golfe. Ele ... ... o jornal, mas ... de ler revistas. As minhas filhas ... à discoteca ... as semanas e, de ... em ..., ... coleção* de bonecas (*muñecas*).

ouve	**nunca**	**gosta**	**leio**
vão	**livros**	**joga**	**dias**
lê	**vejo**	**todas**	**vez**
quando	**fazem**		

8.4 Utilice **para** (*para*) para formar frases completas con los elementos de la columna de la izquierda y su correspondiente de la derecha.

a	Vou à biblioteca...	**i**	fazer compras.
b	A Paula vai ao escritório...	**ii**	dançar.
c	Vamos ao centro desportivo...	**iii**	ler livros.
d	Ela vai ao supermercado...	**iv**	jogar ténis.
e	Eles vão à piscina...	**v**	nadar.
f	A Mónica vai à discoteca...	**vi**	trabalhar.

8.5 Complete este crucigrama con palabras que sirven para indicar la frecuencia Le facilitamos la primera expresión.

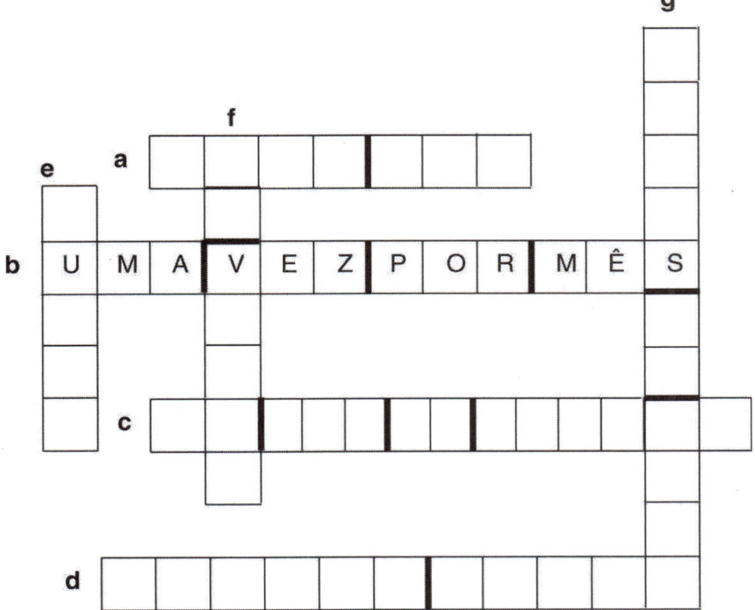

Documento 2

¿Cuándo abre este restaurante?

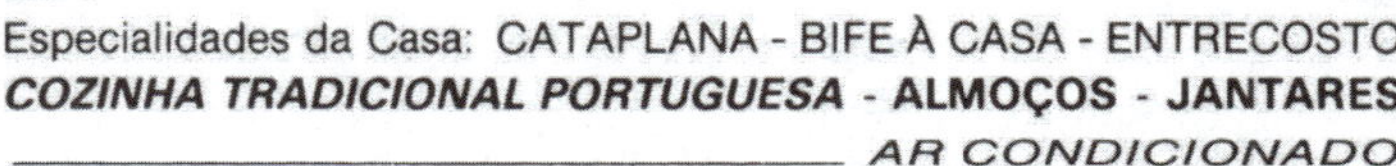

Autoevaluación

¿Podría:

- **a** preguntarle a alguien qué le gusta hacer en su tiempo libre?
- **b** decir lo que le gusta hacer a usted?
- **c** contestar a una persona que le pregunta si puede coger una silla de su mesa?
- **d** decir lo que le gusta hacer a su marido/mujer?
- **e** decir con qué frecuencia mira la televisión?
- **f** preguntar a los sres. Costa si escuchan a menudo música?
- **g** decir que va a la ciudad a hacer compras?

09

as férias
las vacaciones

En esta unidad aprenderá a:

- conjugar nuevos verbos irregulares
- hablar de las vacaciones
- decir los meses del año
- hablar del futuro
- explicar lo que nos gustaría hacer
- contar de 101 a 199

Leitura

Este texto está extraído de un folleto de viajes. Léalo o escuche el CD y conteste luego a las preguntas.

Onde é que vai passar as férias este ano? Porque não passar um tempo connosco na ilha do Paraíso? Temos tudo para umas férias maravilhosas e relaxantes.

Pode passear pelas nossas praias de areia dourada, nadar num mar azul-claro, ou fazer passeios no campo sossegado. Se gosta de praticar desporto, temos dois campos de ténis, três piscinas, um campo de golfe e também oferecemos desportos aquáticos. Na ilha do Paraíso pode esquecer o «stress» do seu quotidiano e relaxar num ambiente natural e especial.

passar (as) férias	*pasar las vacaciones*
este ano	*este año*
connosco	*con nosotros*
(a) ilha do Paraíso	*(la) isla del Paraíso*
tudo	*todo*
maravilhoso/a	*maravilloso(a)*
relaxante	*relajante*
(a) praia	*(la) playa*
(a) areia	*(la) arena*
dourado/a	*dorado(a)*
(o) mar azul-claro	*(el) mar azul claro*
fazer/dar passeios	*pasear*
sossegado/a	*tranquilo(a)*
(o) campo de ténis	*(la) pista de tenis*
(o) campo de golfe	*(el) campo de golf*
oferecemos	*ofrecemos*
(o) desporto aquático	*(el) deporte náutico*
esquecer	*olvidar*
(o) quotidiano	*(lo) cotidiano*
(o) ambiente	*(el) ambiente*
natural	*natural*
especial	*especial*

1 Onde pode passar umas férias maravilhosas?
2 O que pode fazer nas praias?
3 Onde pode nadar na ilha?

4 O que pode fazer se gosta de praticar desporto?
5 O que é que a ilha oferece?

CD1 • 38

Diálogo 1

As férias *Las vacaciones (1)*

Fernando habla con su colega Júlio del sitio a donde suelen ir de vacaciones.

Fernando	Então, Júlio, vai tirar férias este ano?
Júlio	Vou, sim. Vou para a Grécia. A minha mulher quer conhecer a cultura grega. E o Fernando? Onde vai?
Fernando	Geralmente, viajamos pela Europa e visitamos vários países. Gostamos muito de provar as comidas estrangeiras. E os seus filhos, Júlio? Vão com vocês?
Júlio	Não. A minha filha nunca passa as férias connosco. Vai sempre com o namorado para França. De vez em quando o nosso filho vem connosco, mas em geral prefere passar o verão* na praia.

tirar férias	*coger vacaciones*
(a) Grécia	*Grecia*
quer	*quiere*
conhecer	*conocer*
(a) cultura grega	*(la) cultura griega*
viajamos pela Europa	*viajamos por Europa*
vários/as	*varios(as)*
sempre	*siempre*
provar	*probar*
(a) comida estrangeira	*(la) comida extranjera*
(o/a) namorado/a	*(el/la) novio(a)*
vem	*viene*
(o) verão*	*(el) verano*

Gramática

1. Dos verbos irregulares

Querer (*querer*) y **vir** (*venir*) son otros dos nuevos verbos irregulares que hay que conocer. En el cuadro de la página siguiente, aparecen conjugados en todas las personas del presente de indicativo.

querer *querer*	**vir** *venir*
quero	**venho**
queres	**vens**
quer	**vem**
queremos	**vimos**
quereis	**vindes**
querem	**vêm**

2. Conhecer: un verbo con cambio ortográfico

Conhecer sigue el modelo de conjugación de los verbos en **-er** pero también forma parte de los verbos que experimentan un cambio ortográfico: para mantener el sonido «s» de la **-c-** se debe añadir una cedilla en la primera persona del singular. En portugués, cedilla se dice **cedilha**.

Não conheço a Áustria. *No conozco Austria.*

Nota: Entre los verbos **saber** y **conhecer** existe la misma diferencia que en español:

Sabe jogar ténis? Não, não sei. *¿Sabe jugar a tenis? No, no sé.*
Não conhece a minha mulher? *¿No conoce a mi mujer?*

3 Pela Europa *En Europa*

Pela es un nuevo ejemplo de las formas contraídas que vamos descubriendo en cada unidad. Esta se construye a partir de la preposición **por** (*por*) seguida de los artículos definidos **o**, **a**, **os**, **as**, lo que da **pelo**, **pela**, **pelos**, **pelas**.

pelo mar *por mar*
pelas ruas *por las calles*

Ejercicios

9.1 Siga las instrucciones para completar su parte del diálogo. Encontrará las respuestas las **soluciones de los ejercicios**.

Teresa Onde passa normalmente as férias?
a Usted *Diga que va muchas veces a Italia en primavera* (**na primavera***).
Teresa Por que gosta da Itália?
b Usted *Diga que le gusta la cultura italiana.*
Teresa E os seus filhos também vão?
c Usted *Diga que su hijo siempre va con usted pero que su hija prefiere viajar con su novio.*
Teresa Onde quer ir nas férias de inverno* (*invierno*)?

d Usted *Diga que por regla general se suele quedar en casa, pero que usted y su familia quieren visitar París en otoño* (**no outono***).

9.2 Complete las frases con la forma correcta del verbo **conhecer**.

a Conheces a Espanha? Não, não ... .
b A minha mãe ... o teu irmão.
c A Paula e a Susana não se ... .
d Vocês ... Paris?
e Nós não ... a tua casa.

Diálogo 2

As férias *Las vacaciones (2)*

Daniela y Lúcia hablan del sitio donde van a pasar las vacaciones y del periodo del año en el que les gustaría cogerlas.

Daniela Lúcia, onde vais passar as férias este ano?
Lúcia Pois, em março* vou a França passar um tempo com a minha amiga francesa. E tu, Daniela? Tens férias este ano?
Daniela Tenho. Vou passar quinze dias em Espanha, em novembro*. A minha mãe diz que é muito bonita no outono*. O que vais fazer para o ano?
Lúcia Bom, no ano que vem gostaria de viajar pela Índia. E tu?
Daniela Também gostaria de fazer uma viagem exótica, mas não tenho muito dinheiro. Provavelmente no ano que vem vou passar as férias na minha terra, em Braga.

março*	*marzo*
quinze dias	*quince días*
novembro*	*noviembre*
diz	*dice*
(o) outono*	*(el) otoño*
para o ano	*el año que viene*
no ano que vem	*el año que viene*
gostaria de	*me gustaría*
(a) Índia	*(la) ndia*
(a) viagem	*(el) viaje*
exótico/a	*exótico(a)*
(o) dinheiro	*(el) dinero*
provavelmente	*probablemente*
a minha terra	*mi tierra natal*

ⓘ Los portugueses suelen tener mucho apego por su patria chica, sobre todo si son originarios del campo (**o campo**). A lo largo de la historia, la tierra (**a terra**) ha tenido un papel muy importante en la vida de los portugueses, ya que Portugal es un país de gran tradición agrícola. Por consiguiente, no es de extrañar que hablen de su región de origen como **a minha terra**.

Sin embargo, también les encanta viajar y es fácil encontrar portugueses en los cuatro rincones del planeta (un censo reciente indicaba que hay más de cinco millones de emigrantes portugueses desperdigados por todo el globo). De todas formas, suele ser a **a terra** hacia donde se giran cuando les entran las **saudades** (palabra que expresa un profundo sentimiento de nostalgia hacia un lugar o unas personas lejanas).

Gramática

4. Os meses do ano *Los meses del año*

janeiro*	*enero*	**julho***	*julio*
fevereiro*	*febrero*	**agosto***	*agosto*
março*	*marzo*	**setembro***	*septiembre*
abril*	*abril*	**outubro***	*octubre*
maio*	*mayo*	**novembro***	*noviembre*
junho*	*junio*	**dezembro***	*diciembre*

5. ¿Ahora o el año que viene?

Para hablar de cosas que se suelen hacer habitualmente o que se están haciendo en un momento concreto, se pueden usar los verbos que ha aprendido en presente de indicativo:

Às segundas, vou sempre a uma aula de espanhol. *Los lunes siempre voy a una clase de español.*

Sin embargo, para hablar de una acción que se desarrollará en el futuro, próximo o lejano, basta, como en español, con usar la forma adecuada del verbo **ir** (*ir*) en presente seguida del verbo que describe la acción y/o del momento en que ocurrirá dicha acción.

Vamos ao Japão no ano que vem. *Vamos a Japón el año que viene.*

Vou à cidade amanhã. *Voy a la ciudad mañana.*

6. Gostaria de *Me gustaría*

Ya sabe hablar de cosas que le gustan gracias a la expresión **gostar de**. Para hablar de cosas que *le gustaría hacer*, tiene que usar la misma expresión que emplea Lúcia en el diálogo: **gostaria de viajar** (*me gustaría viajar*). **Gostaria** corresponde a la tercera persona del singular (**ele, ela, você, o senhor, a senhora**). Basta con añadir una **-s** para obtener la forma correspondiente a **tu: gostarias**. *Nos gustaría* se traduce por **gostaríamos**, y la tercera persona del plural por **eles, elas, vocês, os senhores, as senhoras gostariam**. Este tiempo verbal se conoce como condicional.

Ejercicios

9.3 Forme seis frases completas con los elementos de las siguientes columnas. Pueden existir varias posibilidades pero debe fijarse en que el sujeto corresponda a la forma verbal. Encontrará unas respuestas tipo en las **soluciones de los ejercicios**.

a Eu	vamos	trabalhar	pela Suíça	amanhã
b Tu	vão	jogar	no mar	no ano que vem
c Você	vou	tirar	no jardim	em julho*
d Nós	vai	visitar	golfe	na sexta-feira
e Os senhores	vão	nadar	férias	em abril*
f Eles	vais	viajar	o meu amigo	no sábado

9.4 Esta sopa de letras esconde los meses del año. ¿Es usted capaz de encontrarlos?

A	J	U	L	H	O	B	F	C	O
D	D	E	I	F	G	H	E	I	R
S	E	J	R	K	L	O	V	M	B
E	Z	N	B	O	H	P	E	Q	U
T	E	J	A	N	E	I	R	O	T
E	M	R	U	S	T	O	E	U	U
M	B	J	V	W	X	Y	I	Z	O
B	R	A	B	C	O	Ç	R	A	M
R	O	R	B	M	E	V	O	N	M
O	T	S	O	G	A	D	E	F	G

9.5 ¿Cómo traduciría las siguientes frases al portugués?

a Me gustaría visitar Alemania.
b A Paulo no le gustaría trabajar los lunes.
c ¿Les gustaría comer (**almoçar**) con nosotros?
d A mi marido/mujer le gustaría probar la cocina brasileña.
e Nos gustaría viajar por los Estados Unidos.

Documento

¿Para qué meses del año es válido este horario de trenes?

COMBOIO DE FÉRIAS

PORTO-ALGARVE-PORTO

A partir de 30 de Junho até 10 de Setembro de 2007 realiza-se este serviço, com os horários e dias de circulação abaixo indicados:

20800/ /20801 R [1]	**20802/ /20803** R [2]		**ESTAÇÕES**		**20862/ /20863** R [3]	**20864/ /20865** R [4]
1-2	1-2				1-2	1-2
6 30	20 45	P	**Porto (Campanhã)**	C	0 00	8 18
6 36	20 52		Vila Nova de Gaia		23 54	8 12
6 48	21 05		Espinho		23 41	7 58
7 15	21 33		Aveiro		23 12	7 27
7 47	22 10	C	Coimbra-B	P	22 38	6 53
7 48	22 12	P		C	22 36	6 52
8 52	23 16	C	Entroncamento	P	21 29	5 41
9 04	23 30	P		C	21 15	5 24
14 50	5 45	C	* Tunes *	P	15 18	22 47
14 54	5 53	P		C	15 08	22 41
15 03	6 03		Albufeira		15 02	22 35
15 18	6 20		Loulé		14 45	22 18
15 32	6 35	C	Faro	P	14 29	22 01
15 47	7 05	P		C	14 10	21 29
15 57	7 14		Olhão		14 01	21 20
16 20	7 43		Tavira		13 37	20 57
16 47	8 17		V. Real de S. António		13 10	20 26
16 50	8 20	C	**V. R. de S. Ant.-Guad.**	P	13 05	20 20

* Ligações de e para o Ramal de Lagos. Consulte os Cartazes Horários n.os [12].

Gramática

7. Os números de 101 a 199 *Los números de 101 a 199*

¿Ya se sabe bien los números que ha aprendido hasta ahora? En caso afirmativo, ya está listo(a) para la siguiente serie, la que empieza después de 100 (**cem**).

101	cento e um/uma	**150**	cento e cinquenta
102	cento e dois/duas	**160**	cento e sessenta
105	cento e cinco	**170**	cento e setenta
110	cento e dez	**180**	cento e oitenta
120	cento e vinte	**190**	cento e noventa
130	cento e trinta	**199**	cento e noventa e nove
140	cento e quarenta		

El sistema de formación de estos números es el mismo que en la serie anterior (véase página 62).

cento e trinta e seis 100 + 30 + 6 = 136

No se olvide de que, cuando aparecen en una cifra *uno* o *dos*, hay que acordarse de hacer la concordancia en masculino o en femenino. El euro es también la moneda de Portugal y es masculino (**o euro**). Por tanto, una cerveza costará **dois euros**, pero si tiene mucha sed: quizá tenga que pedir **cento e vinte e *duas* cervejas!**

Ejercicio

9.6 Indique si las siguientes operaciones son correctas (V = **verdadeiro**) o erróneas (F = **falso**).

- **a** Cento e cinco + trinta e um = cento e trinta e seis
- **b** Cento e noventa – vinte = cento e quarenta
- **c** Setenta e dois + quinze = cento e vinte e dois
- **d** Cento e sessenta – cinquenta = cento e dez
- **e** Cento e oitenta e três – oitenta e três = cem

Autoevaluación

¿Podría:

a preguntar a un grupo de amigos dónde va a pasar las vacaciones este año?
b decir que quiere conocer Grecia?
c decir que su familia siempre pasa las vacaciones en Portugal?
d preguntar a una persona si sabe nadar?
e decir dónde va a pasar las vacaciones el año que viene?
f preguntarle a alguien si también le gustaría ir?
g decir los meses del año en voz alta?
h elegir al azar diez números del 100 al 199, y decirlos en voz alta?

10

transportes

los transportes

En esta unidad aprenderá a:

- hablar de los medios de transporte
- explicar lo que se desea
- decir «más» y «menos»
- contar a partir de 200
- dar órdenes

Antes de empezar

Antes de empezar esta unidad, la última de la primera parte, repase las unidades 3, 7 y 9 para asegurarse de que sabe bien los números hasta 199.

Diálogo 1

Os transportes *Los transportes (1)*

Olívia y Luísa hablan del medio de transporte que usan para ir a trabajar.

Olívia	Bom dia, Luísa. Vais trabalhar hoje?
Luísa	Vou, sim.
Olívia	Queres uma boleia? Vou passar perto do teu trabalho.
Luísa	Obrigadinha, mas não. Hoje vou primeiro ao dentista. Vou de autocarro e depois vou a pé para o trabalho.
Olívia	Muito bem. Então, até logo.

hoje	*hoy*
(dar) uma boleia	*llevar (en coche a alguien)*
passar	*pasar*
perto de	*cerca de*
(o) trabalho	*(el) trabajo*
obrigadinho/a	*gracias*
(o) dentista	*(el) dentista*
vou de autocarro	*voy en autobús*
vou a pé	*voy a pie*

Diálogo 2

Os transportes *Los transportes (2)*

Lea o escuche las respuestas del sr. Pinto al encuestador referentes al medio de transporte que usa para ir a trabajar.

Entrevistador	Senhor Pinto, como é que vai para o trabalho?
Sr. Pinto	Bem, geralmente vou de comboio. O meu trabalho fica fora da cidade, um pouco longe. Vou e volto todos os dias.
Entrevistador	O senhor não tem carro?
Sr. Pinto	Não, não tenho. Queria comprar um, mas não tenho dinheiro, e o comboio é rápido e barato. Viajo mais de quinhentos quilómetros por semana.

Entrevistador	E vai sempre de comboio?
Sr. Pinto	Às vezes vou de camioneta e, se tenho uma reunião no Porto, vou de avião.

como vai para o trabalho?	*¿cómo va al trabajo?*
vou de comboio	*voy en tren*
fora da cidade	*fuera de la ciudad*
longe	*lejos*
vou e volto	*voy y vuelvo*
(o) carro	*(el) coche*
queria comprar	*quería comprar*
rápido/a	*rápido(a)*
mais de	*más de*
quinhentos/as	*quinientos(as)*
(o) quilómetro	*(el) kilómetro*
de camioneta	*en autocar*
se	*si*
(a) reunião	*(la) reunión*
de avião	*en avión*

ⓘ En portugués, hay mucha tendencia a hablar de las cosas en diminutivo. El diminutivo se forma añadiendo prefijos como **-inho** o **-zinho**, que sugieren la noción de tamaño pequeño o de afecto. En el primer diálogo Luísa, en vez de decir **obrigada**, que es la fórmula más habitual, dice **obrigadinha**. Oirá muy a menudo esta expresión, al igual que, por ejemplo, **coitadinho/a** de **coitado/a** (*el/la pobre*), **um livrinho** de **livro** (*libro*), **pãozinho** (*panecillo*) de **pão**, etc. A la inversa, el sufijo **-ão** comunica la noción de tamaño grande o importancia; si quiere una botella de vino (**uma garrafa de vinho**) y pide **um garrafão**, ¡no se sorprenda si le traen una garrafa de cinco litros!

Gramática

1. De carro, a pé *En coche, a pie*

Por regla general, se habla de los medios de transporte usando **de** seguido del nombre del vehículo. Puede por tanto viajar:

de carro	*en coche*	**de barco**	*en barco*
de comboio	*en tren*	**de bicicleta**	*en bicicleta*
de autocarro	*en autobús*	**de moto(cicleta)**	*en moto(cicleta)*
de camioneta	*en autocar*	**de avião**	*en avión*
	pero		
a pé	*a pie*	**a cavalo**	*a caballo*

2. Quero, queria *Quiero, quisiera*

Queria es la forma educada del verbo **querer** (*querer*) que ya ha aprendido en la unidad anterior. **Queria** es la expresión que hay que utilizar si se quiere pedir algo en una tienda, una taquilla, una cafetería, etc. Sin embargo, también verá que muchos portugueses emplean el verbo en presente de indicativo, sobre todo para ofrecer comida o bebida

Quer comer alguma coisa? *¿Quiere comer algo?*

3. Mais de, menos de *Más de, menos de*

En la unidad 4 ha aprendido a usar **mais** (*más*) y **menos** (*menos*) para hacer comparaciones. Con los números, ya se trate de precios, de distancias o de tiempo, *más de* y *menos de* se traducen, respectivamente, por **mais de** y **menos de**.

Mais de cinquenta euros. *Más de cincuenta euros.*
Menos de dez minutos. *Menos de diez minutos.*

CD1 • 44 4. Os números: de 200 para cima *Los números: de 200 en adelante*

Si en alguna situación se ve obligado a hablar de distancias, tendrá que dominar los términos que expresan las centenas e incluso los millares. Además, quién puede asegurar que algún día usted no ganará miles de euros en la **Totoloto**. En la página siguiente encontrará la última serie de números que empieza en el 200.

200	duzentos	**1 000**	mil
300	trezentos	**2 000**	dois mil
400	quatrocentos	**10 000**	dez mil
500	quinhentos	**100 000**	cem mil
600	seiscentos	**1 000 000**	um milhão
700	setecentos		
800	oitocentos		
900	novecentos		

Para facilitar la memorización, puede ser útil aprender los números por grupos de la misma familia:

5 cinco	**15** quinze	**50** cinquenta	**500** quinhentos
8 oito	**18** dezoito	**80** oitenta	**800** oitocentos

Como en español, las centenas concuerdan en femenino. Se hablará, por ejemplo, de un artículo de periódico de **seiscent*as* palavr*as***.

En los números compuestos, las centenas, las decenas y la unidades suelen ir separadas generalmente por la palabra **e**, como ha podido ver en la serie anterior. 953 será por tanto: **novecentos e noventa e três**.

En general, no se pone **e** después de los millares. El **e** solo aparece si el millar va seguido de un número entre 1 y 100, o de una centena redonda como 200, 300, etc.

1996 = mil novecentos e noventa e seis
2003 = dois mil e três

No se deje impresionar por los números y aproveche todas las ocasiones que se le presenten para practicarlos. Escuche atentamente cuando le dan un precio. Si no lo entiende bien, no dude en pedir que se lo escriban (**Pode escrever?**).

Ejercicios

10.1 Complete este texto con las palabras que aparecen en el cuadro de la página siguiente.

Em ... vou para o trabalho ... autocarro. Vou e ... todos os ... . O autocarro é ... e bastante (*bastante*) ... . Às vezes, aos ... de semana viajo para ... da cidade e, normalmente, ... de comboio. Aos domingos ... de passear de ... . Quando vou de ..., viajo de ... ou de ... .

volto	rápido	vou	férias
geral	dias	fins	gosto
avião	de	barato	fora
bicicleta	barco		

10.2 Lea o escuche la siguiente serie de números e intente encontrar su equivalente en español.

oitocentos e sessenta e dois; mil duzentos e quarenta e um; trezentos e quarenta e nove; dois mil setecentos e sessenta e seis; duzentos e noventa e nove; setecentos e cinquenta e oito; cinco mil quinhentos e doze; dez mil cento e cinquenta; seiscentos e oitenta e três; três mil trezentos e setenta e um.

Documento

¿A qué número llamaría para obtener información sobre los autobuses?

AUTOCARROS. Rua da República, 135. Tel. 214323747/ 214329624.

COMBOIOS. Tel. 214322125.

TÁXI-AÉREO. Aeródromo de Évora. Tel. 266728335.

Leitura

Lea o escuche este anuncio por palabras extraído de la sección «Se vende» de un periódico y conteste a las preguntas que se plantean.

Vende-se bicicleta

Quer melhorar a sua vida? Está farto dos transportes públicos ou de pedir boleia aos seus amigos? Tenho uma bicicleta bonita que vai querer comprar. Com uma bicicleta, pode-se passear no campo, chegar mais rápido ao trabalho e melhorar a saúde. Só custa vinte euros. É barata!
É bonita! É sua! Compre já!

1 O que é que a pessoa quer vender?
2 Como é?
3 O que se pode fazer com ela?
4 Quanto custa?
5 É barata ou cara?

vende-se bicicleta	*se vende bici(cleta)*
melhorar	*mejorar*
(a) vida	*(la) vida*
estar farto/a de	*estar harto(a) de*
(os) transportes públicos	*(los) transportes públicos*
pedir boleia	*pedir que te lleven (en coche)*
pode-se	*se puede*
(a) saúde	*(la) salud*
só custa	*solo cuesta*
compre já!	*¡compre ya!*

Gramática

5. Nuevos usos para los verbos pronominales

En la unidad 7 ha aprendido algunos verbos que se llaman pronominales, como *lavarse*. Los pronominales también se usan en otras situaciones. Por ejemplo, cuando algo está en venta, en alquiler, etc., en Portugal se ven anuncios del tipo **vende-se** (*se vende*), **aluga-se** o **arrenda-se** (*se alquila*). En el anuncio por palabras de la bicicleta, se dice que la bicicleta «se vende»: no se hace ninguna mención del vendedor. También verá muchos carteles en las tiendas o en los hoteles del tipo **aqui fala-se inglês e espanhol**, que en español se traducirían exactamente igual: *aquí se habla inglés y español*. Lo que nos lleva al segundo ejemplo, **pode-se**, *se puede*: como en español, el verbo pronominal sirve también para introducir frases impersonales.

6. De carro, no carro de X *En coche, en el coche de X*

Como ya hemos visto anteriormente, se usa **de** para hablar del medio de transporte. No obstante, cuando se quiere precisar de qué vehículo se trata, o se habla de un tren (o un autobús, o un avión, etc.) concreto, hay que emplear **em** (**no**, **na**).

no carro dos seus amigos	*en el coche de sus amigos*
no comboio das dez e meia	*en el tren de las diez y media*
no avião da TAP	*en el avión de la TAP*

7. Compre! *¡Compre!*

Como dar órdenes en portugués (incluso aunque se sea educado) puede resultar un poco complicado, de momento nos vamos a atener a la persona propia del tratamiento de cortesía (**você[s]**), es decir, la tercera persona. El cuadro de la página siguiente muestra un ejemplo para cada uno de los grupos verbales:

Infinitivo		Presente		Imperativo	
comprar	*comprar*	**compra**	*compra*	**compre!**	*¡compre!*
comer	*comer*	**come**	*come*	**coma!**	*¡coma!*
partir	*irse*	**parte**	*se va*	**parta!**	*¡váyase!*

¿Se ha fijado en la regla que siguen estos tres verbos? Los que acaban en **-ar** cambian su terminación a **-e** y los que acaban en **-er** e **-ir** la cambian a **-a**. Para dar una orden a más de una persona, basta con añadir una **-m** (**comprem**, **comam**, **partam**).

En este recuadro, le presentamos algunos verbos irregulares que no siguen la norma que acabamos de explicar:

Infinitivo		Singular	Plural	
fazer	*hacer*	**faça!**	**façam!**	*¡haga!/¡hagan!*
ser	*ser*	**seja!**	**sejam!**	*¡sea!/¡sean!*
estar	*estar*	**esteja!**	**estejam!**	*¡esté!/¡estén!*
ter	*tener*	**tenha!**	**tenham!**	*¡tenga!/¡tengan!*
ir	*ir*	**vá!**	**vão!**	*¡vaya!/¡vayan!*
vir	*venir*	**venha!**	**venham!**	*¡venga!/¡vengan!*

A medida que avance con este método, irá descubriendo más verbos irregulares.

Ejercicios

10.3 ¿Cómo traduciría las siguientes frases al portugués?

- **a** Voy al trabajo en el coche de mi amigo(a).
- **b** Paulo va al hospital en autobús.
- **c** Ana viaja en el tren de las 14h30.
- **d** Los sres. Costa van de vacaciones en barco.
- **e** Vamos al cine con el autobús de las 19h15.
- **f** ¿Viajas en avión?

10.4 Complete las frases con el imperativo adecuado.

- **a** (comprar – singular) ... o carro!
- **b** (comer – plural) ... as sardinhas!
- **c** (partir – plural) ... hoje!
- **d** (viajar – singular) ... de comboio!
- **e** (falar – plural) ... menos rápido!
- **f** (beber – singular) ... o café!

Autoevaluación

Acaba de terminar las diez primeras unidades. Le han permitido adquirir las bases del portugués. Ya ha visto un gran número de aspectos de la lengua y, antes de ponerlos en práctica en las situaciones de la segunda parte del método, haga este pequeño test de repaso para estar seguro de que recuerda bien todo lo que ha aprendido hasta ahora.

¿Podría:

a preguntarle a alguien cómo se llama?
b decir: «mucho gusto»?
c dar su nacionalidad a alguien y decir de dónde es usted?
d decir que su marido/mujer habla portugués?
e preguntar a una pareja dónde vive?
f decirles a sus amigos dónde trabaja y a qué se dedica?
g decir cuántos años tiene?
h describir una persona de su familia?
i preguntarle a alguien si le gusta el café?
j decir que prefiere España?
k describir su casa?
l decir dónde está el sofá/la mesa/el armario?
m preguntar qué hora es?
n describir sus actividades cotidianas?
o preguntarle a una pareja si le gusta viajar?
p decir lo que le gusta hacer en su tiempo libre?
q preguntarle a alguien dónde pasa las vacaciones?
r decir que a su familia y a usted les gustaría visitar Portugal?
s preguntarle a alguien cómo va al trabajo?
t contar hasta un millón?!

Si ha conseguido sin problemas una respuesta correcta en quince o más de estos ejercicios, **Parabéns!** Puede seguir y empezar la unidad 11. Si ha experimentado ciertas dificultades, quizá sea mejor repasar las unidades que incluyen los puntos en los que se ha encallado y volver a hacer los ejercicios antes de seguir.

11

viajar
viajar

En esta unidad aprenderá a:

- informarse sobre los transportes públicos
- comprar billetes
- obtener información en las oficinas de turismo
- preguntar, entender e indicar direcciones

Antes de empezar

Viajar por Portugal en transporte público es una opción interesante, económica, eficaz y constituye un buen medio para familiarizarse con el país y sus habitantes. En cuanto aprenda unas cuantas frases sencillas que le permitirán viajar, tendrá la seguridad necesaria para moverse a sus anchas

Diálogos 1 a 5

Lea o escuche estos diálogos cortos.

No aeroporto *En el aeropuerto*

Senhor	Faz favor, há autocarros para o centro da cidade?
Informações	Há sim. A paragem é mesmo em frente à saída do aeroporto. Também pode apanhar um táxi. A praça de táxis é lá fora, à esquerda.

No porto *En el puerto*

Senhora	Desculpe, a que horas parte o barco para a Madeira?
Senhor	Às dez e quinze.
Senhora	E a que horas chega?
Senhor	Às quatro menos vinte da manhã.

Na rua *En la calle (1)*

Senhora	Faz favor, há uma estação de comboios aqui perto?
Senhor	Sim, a estação de caminhos-de-ferro é já ali, à esquerda.

Na rua *En la calle (2)*

Senhor	Onde param os autocarros para Lagos?
Senhora	A paragem dos autocarros para Lagos é ali, à direita. Também pode apanhar o autocarro na rodoviária, que é já ali depois da praça.

Num táxi *En un taxi*

Turista	Para o hotel Vistamar, se faz favor.
Taxista	Muito bem.
Turista	Quanto é?
Taxista	São sete euros.

(o) centro	*(el) centro*
(a) cidade	*(la) ciudad*
(a) paragem	*(la) parada*
mesmo em frente (a)	*justo en frente (de)*
(a) saída	*(la) salida*
(o) táxi	*(el) taxi*
(a) praça de táxis	*(la) parada de taxis*
lá fora	*allá afuera*
à esquerda	*a la izquierda*
(o) porto	*(el) puerto*
parte	*sale*
(o) barco	*(el) barco*
(a) estação de comboios	*(la) estación de tren*
(a) estação de caminhos-de-ferro	*(la) estación de ferrocarril*
aqui perto	*cerca de aquí*
já ali	*justo allí*
param	*paran*
à direita	*a la derecha*
apanhar	*coger (autobús, tren...)*
(a) (estação) rodoviária	*(la) estación de autobuses*
para	*para*
(o) hotel	*(el) hotel*
quanto é?	*¿cuánto es?*
são... euros	*son... euros*

Ejercicio

11.1 ¿Cómo traduciría las siguientes frases al portugués?

a ¿Hay autobuses para Lisboa?
b La parada del autobús está allí a la izquierda.
c La parada de taxis está allí a la derecha.
d ¿A qué hora sale el tren para Faro?
e A la seis y cuarto de la tarde.
f ¿A qué hora llega el barco?
g ¿Hay un aeropuerto cerca de aquí?
h La estación de autobuses está allí, justo en frente.
i Al puerto, por favor.

CD2 • 02

Diálogo 6

Na estação *En la estación*

Ana quiere coger el tren.

Ana	Bom dia. Queria um bilhete para o Porto, se faz favor.
Senhor	Quer de ida ou de ida e volta?
Ana	Ida e volta.
Senhor	Primeira ou segunda classe?
Ana	Segunda, se faz favor. A que horas é o próximo rápido?
Senhor	Há um comboio rápido direto* às duas horas.
Ana	Qual é a linha?
Senhor	É a linha número quatro.
Ana	Obrigada.
Senhor	De nada, bom dia.

(o) bilhete	*(el) billete*
de ida/ida e volta	*de ida/ida y vuelta*
primeira/segunda classe	*primera/segunda clase*
próximo/a	*próximo(a)*
(o) (comboio) rápido (direto*)	*(el) (tren) rápido; el expreso*
qual?	*¿cuál?*
(a) linha	*(la) vía*
de nada	*nada*

ⓘ Viajar por Portugal es asequible. **O Comboio rápido alfa pendular** (**o Alfa**) es el tren más rápido y lujoso. Une algunas de las grandes ciudades del país (de norte a sur: Braga, Oporto, Coimbra, Lisboa, Faro). **O comboio rápido Intercidades** (**o Intercidade**) ofrece otro servicio rápido entre ciudades, aunque menos caro y lujoso que **o Alfa**. Además de los (**comboios**) **rápidos,** existen (**comboios**) **Inter-Regionais** y **regionais** que paran en más estaciones que los **rápidos**. Los **comboios urbanos** son trenes de cercanías que unen el centro de las ciudades con sus alrededores.

O autocarro o **a camioneta** (*el autocar*) son medios de transporte baratos. La **Rede** (**Nacional**) **de Expressos** ofrece un servicio que une las ciudades principales. **Os expressos**, autocares que hacen trayectos de larga distancia, son cómodos y baratos.

En las **estações de comboios** al igual que en las **estações rodoviárias**, hay folletos informativos (**folhetos de informação**), horarios (**horários**) y listas de precios (**preços**) disponibles para los usuarios. También se puede consultar esta información en Internet.

Ejercicio

CD2 • 03 **11.2** Siga las indicaciones que se le dan para completar su parte del diálogo. Encontrará las respuestas en el CD o en las **soluciones de los ejercicios**.

a Usted	*Diga: «Buenas tardes. Quisiera dos billetes para Loulé, por favor».*
Senhor	Quer de ida ou de ida e volta?
b Usted	*Diga que de ida y vuelta.*
Senhor	Primeira ou segunda classe?
c Usted	*Diga: «Primera». Pregunte cuál es la vía para Loulé.*
Senhor	É a linha número um.
d Usted	*Pregunte a qué hora sale el tren.*
Senhor	Às oito menos dez.
e Usted	*Pregunte a qué hora llega el tren.*
Senhor	Às nove e vinte e cinco.
f Usted	*Diga: «Gracias».*
Senhor	De nada. Boa tarde.

Documento

a ¿El billete de la derecha es un billete de ida o de ida y vuelta?

b ¿El billete de abajo es un billete de primera o de segunda clase?

EVA Turismo

BILHETE SIMPLES
N.º: 18005 J

Tarifa: Euros - 7,50

De: Braga
Para: Coimbra

Conserve este bilhete

IVA INCLUÍDO

Caminhos-de-Ferro Portugueses

TUNES
ALCANTARILHA

Preço	2.ª classe	Inteiro
€ 5,85		Adulto

Diálogo 7

No centro de turismo *En la oficina de turismo*

Un turista se informa sobre alojamientos en la oficina de turismo.

Turista	Tem uma lista dos hotéis da cidade?
Senhora	Aqui tem uma lista de hotéis, pensões e pousadas da

	juventude. Também há um parque de campismo nos arredores da cidade.
Turista	E tem um mapa da cidade?
Senhora	Temos este e um mapa da região.
Turista	E tem informações sobre a cidade, as lojas, as atrações*...?
Senhora	Aqui tem.

(a) lista	*(la) lista*
(o) hotel (plural: **hotéis**)	*(el) hotel*
(a) pensão (plural: **pensões**)	*(la) pensión*
(a) pousada da juventude	*(el) albergue juvenil*
(o) parque de campismo	*(el) camping*
nos arredores	*en los alrededores*
(o) mapa da cidade	*(el) plano de la ciudad*
(o) mapa da região	*(el) mapa de la región*
(a) informação (plural: **informações**)	*(la) información*
(a) loja	*(la) tienda*
(a) atração* (plural: **atrações***)	*(la) atracción*

Leitura

El siguiente texto está extraído de un folleto de una oficina de turismo.

Albufeira
Típica cidade de pescadores. Ambiente jovem. Praias entre rochedos e falésias de cor vermelha.

Armação de Pêra
Areal extenso. Próximo de pequenas praias tranquilas. Centro turístico.

Gastronomia
Deliciosos pratos de peixe e marisco. Destaque especial para as suculentas cataplanas e as sardinhas assadas. Doces de amêndoa e figo. Cozinha internacional de qualidade.

Quinta do Lago
Complexo turístico. Lago artificial. Extenso areal. Campo de golfe.

Silves
Capital do Algarve durante a ocupação árabe e até ao século XVI. Interessante castelo e catedral gótica.

Vinho
O solo algarvio, aquecido pelo sol, produz vinhos brancos e tintos aveludados. O vinho de Lagoa já ganhou renome mundial.

típico/a	*típico*
pescadores (o/a pescador(a))	*pescadores (el/la pescador(a))*
(o) ambiente	*(el) ambiente*
jovem	*joven*
(o) rochedo	*(la) roca*
(a) falésia	*(el) acantilado*
de cor vermelha	*de color rojo*
(o) areal extenso	*(el) arenal extenso*
próximo/a	*próximo(a)*
tranquilo/a	*tranquilo(a)*
(o) prato	*(el) plato*
(o) destaque especial para	*(la) mención especial para*
suculento/a	*suculento(a)*
(a) cataplana	*(la) cataplana (plato a base de marisco, jamón ahumado, pimientos y cebollas cocinados en una cazuela de cobre)*
assado/a	*asado(a)*
(o) doce de amêndoa e figo	*(el) dulce de almendra e higo*
(o) lago artificial	*(el) lago artificial*
durante	*durante*
(a) ocupação árabe	*(la) ocupación árabe*
(o) século	*(el) siglo*
(o) castelo	*(el) castillo*
(a) catedral	*(la) catedral*
gótico/a	*gótico/a*
(o) solo algarvio	*(el) suelo del Algarve*
aquecido/a pelo sol	*calentado(a) por el sol*
produz	*produce*
aveludado/a	*aterciopelado(a)*
já ganhou renome internacional	*ya ganó renombre internacional*

Ejercicio

11.3 ¿Puede contestar a las preguntas referidas al **folheto**?

- **a** Armação de Pêra é um local bom para os turistas?
- **b** O que há em Silves?
- **c** Qual é a comida típica do Algarve?
- **d** Onde se pode jogar golfe?
- **e** O Algarve produz vinho verde?
- **f** Que tipo de cidade é Albufeira?

CD2 • 06 Diálogos 8 a 10

Lea o escuche los siguientes diálogos mientras consulta el plano de la ciudad.

À porta do centro de turismo *En la puerta de la oficina de turismo*

Senhor	Faz favor, onde fica a estação de caminhos-de-ferro?
Transeunte	O senhor vira aqui à esquerda, toma a segunda rua à direita, segue sempre em frente, e a estação fica à esquerda.

Na praça *En la plaza*

Senhora	Desculpe, sabe onde fica o banco?
Senhor	Sei sim. É muito perto daqui. Siga sempre em frente até aos correios e depois vire à esquerda. O banco é mesmo aí na esquina.

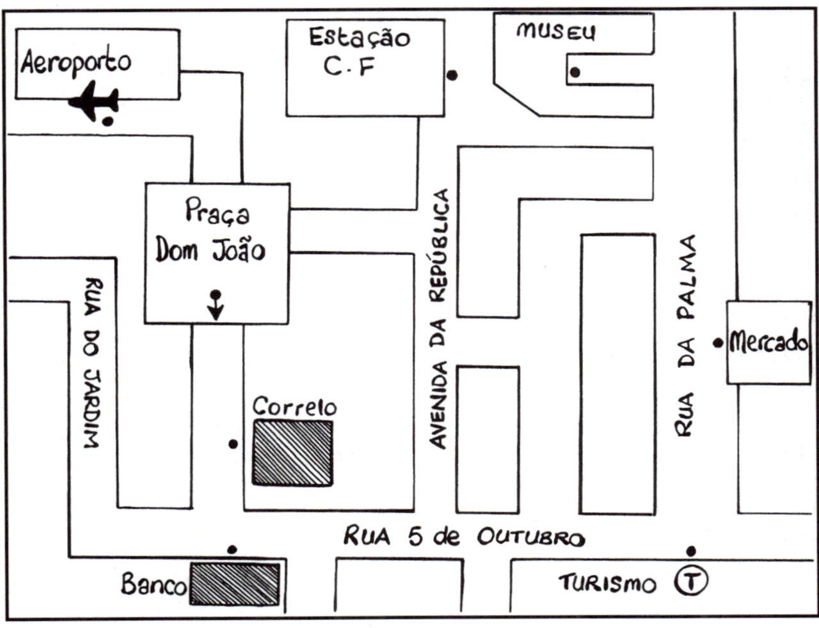

No mercado *En el mercado*

Isabel	Nuno, tu sabes onde fica o museu?
Nuno	Sei. É muito fácil. Lá fora, à saída do mercado, vira à direita e segue sempre em frente. Depois, toma a terceira rua à esquerda e o museu fica mesmo em frente.

(onde) fica	*(dónde) está*
vire; vira	*gire/tuerza; gira/tuerce*
toma	*coge*
(a) rua	*(la) calle*
segue/siga	*sigue/siga todo recto*
(sempre) em frente	
perto (daqui)	*cerca de aquí*
até	*hasta*
(os) correios	*correos*
aí	*ahí*
(a) esquina	*(la) esquina*
sabe; sabes	*sabe; sabes*
(o) museu	*(el) museo*
fácil	*fácil*

Gramática

1. Indicar direcciones

Los verbos que más se usan para dar direcciones son **tomar** (*coger*), **virar** (*girar, torcer*), **seguir** (*seguir*) e **ir** (*ir*).

Toma a segunda rua.	*Coge la segunda calle.*
Vire aqui à esquerda.	*Tuerza aquí a la izquierda.*

Como en español, el imperativo cambia según se tutea o se hable de usted a alguien:

Tratamiento muy educado	Tratamiento de cortesía	Tuteo
	tome	**toma**
o senhor	**vire**	**vira**
a senhora	**siga**	**segue**
	vá	**vai**

Las formas de las dos últimas columnas corresponden al imperativo.

2. El plural

Como ha aprendido en las unidades anteriores, en portugués el plural de las palabras se suele formar añadiendo una **-s:**

a avenida, as avenidas	la avenida, las avenidas
a mãe, as mães	la madre, las madres

Sin embargo, seguramente ya se ha dado cuenta de que algunos nombres y adjetivos no siguen esta regla:

• Las palabras que acaban en **-r**, **-s** o **-z** forman el plural añadiendo **-es**:

o pescador, os pescadores	el pescador, los pescadores
o país, os países	el país, los países
a vez, as vezes	la vez, las veces

• El plural de las palabras que acaban en **-ês** es **-eses**:

português, portugueses	portugués, portugueses
o mês, os meses	el mes, los meses

• Las palabras que acaban en **-m** forman el plural en **-ns**:

bom, bons	bueno, buenos
a viagem, as viagens	el viaje, los viajes

• Las palabras que acaban en **-l** forman el plural del siguiente modo:

o jornal, os jornais	el periódico, los periódicos
o hotel, os hotéis	el hotel, los hoteles
espanhol, espanhóis	español, españoles
infantil, infantis	infantil, infantiles

– Cuando el acento tónico no recae en la última sílaba, el plural se forma así:

agradável, agradáveis	agradable, agradables
o réptil, os répteis	el reptil, los reptiles

• Las palabras que acaban en **-ão**, según el caso, pueden formar el plural de tres formas distintas:

a mão, as mãos	la mano, las manos
alemão, alemães	alemán, alemanes
a pensão, as pensões	la pensión, las pensiones

Ejercicios

11.4 Vuelva a consultar el plano de la página 105 e intente dar la dirección (usando el tratamiento de cortesía [usted]) de los siguientes sitios. (Imagine en cada caso que está de espaldas al punto de partida.)

a del centro de turismo al banco
b de correios al mercado
c del museu a la estação
d del aeroporto al centro de turismo

11.5 Ahora, haga lo contrario. Siga las indicaciones que le damos para descubrir a dónde le llevan.

a Salga del **museu:**
Siga em frente e vire à direita. Depois vá em frente e o ... fica à esquerda.

b Salga del **banco:**
À saída vire à direita, tome a primeira rua à esquerda e siga sempre em frente, até à ... que fica à esquerda.

c Salga de la **estação**:
Vire à direita e vá sempre em frente. Tome a segunda rua à esquerda. Depois siga em frente e o ... fica à direita.

12

na cidade

en la ciudad

En esta unidad aprenderá a:

- cambiar dinero
- comprar sellos y hacer llamadas telefónicas
- entender los carteles
- encontrar los servicios en Portugal

Antes de empezar

Esta unidad incluye muchos números y va a poder practicarlos. Quizá sería conveniente repasar las unidades 3, 7, 9 y 10 para refrescar la memoria...

Diálogo 1

No banco *En el banco*

Una clienta entra en un banco para cambiar dinero.

Senhora	Bom dia. Posso trocar cheques de viagem?
Senhor	Claro. Quanto quer trocar?
Senhora	Tenho cinco cheques de vinte francos suíços cada.
Senhor	Portanto, cem francos suíços. Tem documentos – passaporte?
Senhora	Aqui está.
Senhor	E qual é a sua morada aqui em Portugal?
Senhora	É o Hotel Dom Luís, Rua 5 de Outubro, Albufeira.
Senhor	Faça favor de assinar os cheques. Obrigado. Agora, pode ir à caixa.

trocar	*cambiar*
(o) cheque de viagem	*(el) cheque de viaje*
quanto...?	*¿cuánto...?*
(o) franco suíço	*(el) franco suizo*
cada	*cada*
portanto	*por tanto*
(o) passaporte	*(el) pasaporte*
(a) morada	*(la) dirección*
faça favor de...	*me hace el favor de...*
assinar	*firmar*
(a) caixa	*(la) caja*

ⓘ En Portugal, hay sucursales de banco en todas partes y los cajeros automáticos se llaman **Multibanco**. Sin embargo, al igual que en algunas tiendas, a veces los **Multibanco** no aceptan las tarjetas de crédito extranjeras. Siempre es conveniente llevar un poco de efectivo encima, aunque las tarjetas de crédito se suelen aceptar sin problemas. En el interior de un banco, el letrero **câmbio** indica la ventanilla donde se pueden efectuar las operaciones de cambio de moneda. Puede que le den una ficha (**a chapa**) que deberá entregar en **a caixa** (*la caja*) y luego esperar hasta que toque su número y le atiendan.

CD2 • 08

Diálogo 2

Nos correios *En correos*

Sandra va a correos para comprar sellos.

Sandra	Olá. Queria oito selos para Espanha e dois para a Argentina, se faz favor.
Senhora	São para cartas ou postais?
Sandra	Três cartas e sete postais.
Senhora	Bom, são seis euros ao todo.
Sandra	Também queria fazer uma chamada.
Senhora	Pode ir à cabine um.
Sandra	Obrigada.

(o) selo	*(el) sello*
(a) carta	*(la) carta*
(o) postal (plural: **postais**)	*(la) postal*
ao todo	*en total*
fazer uma chamada	*hacer una llamada*
(a) cabine	*(la) cabina telefónica*

Ejercicio

12.1 Relacione las preguntas con las respuestas adecuadas.

i Qual é a sua morada aqui em Portugal?
ii Para cartas ou postais?
iii Quanto quer trocar?
iv Posso trocar cheques de viagem?
v Tem passaporte?

a Tenho três cheques de vinte francos suíços.
b Hotel Sol, Praça São João, Loulé.
c Claro. Quanto quer trocar?
d Para cinco cartas.
e Aqui está.

ⓘ Hacer llamadas telefónicas en Portugal puede resultar muy caro ya que el precio de las llamadas en los hoteles o en correos suele ser alto. Si se quiere llamar al extranjero, lo mejor es usar una cabina telefónica (**uma cabine telefónica**). Muchas funcionan con tarjeta (**um cartão telefónico**) que se puede comprar en correos así como en tiendas especializadas en accesorios de teléfonos móviles y en algunos quioscos de periódicos.

ⓘ Los carteles

¿Puede adivinar el significado en español de los siguientes carteles? (Encontrará las respuestas en las **soluciones de los ejercicios**).

a	PARA CRIANÇAS	e	PERIGO
b	NÃO FUMAR	f	SAÍDA DE EMERGÊNCIA
c	PROIBIDO ESTACIONAR	g	ENTRADA PROIBIDA
d	ABERTO DAS 10:00 ÀS 12:00	h	FECHADO

Documento

Lea el cartel siguiente y conteste a las preguntas que se plantean.

Proibido estacionar
entre as 13:00 e as
15:00 horas.

Saída de Emergência
Lojas Primavera.

a ¿Qué prohíbe hacer el cartel?

b ¿Por qué?

ⓘ Los servicios

En caso de que le cueste encontrar unos servicios públicos, es bastante habitual ir a los de un bar, una cafetería o incluso un hotel. Suelen designarse con varios nombres:

(a) casa de banho	*(el) cuarto de baño*	**(o) WC**	*(el) váter*
(as) casas de banho públicas	*(los) servicios públicos*	**(a) retrete**	*(el) retrete*
(os) lavabos	*(los) lavabos*	**(os) sanitários**	*(los) servicios*

Ejercicio

12.2 Encuentre las palabras que faltan en las siguientes frases y colóquelas luego en el crucigrama.

1 Duzentos francos ... .
2 Tem ...?
3 Qual é a sua ... em Portugal?
4 Sete ... para Espanha, por favor.
5 Posso ... cheques de viagem?
6 Quer ... os cheques?
7 Para ... ou postais?
8 Pode ir à ... .

13

ir às compras

ir de compras

En esta unidad aprenderá a:

- comprar productos en el mercado y en la tienda de comestibles
- conocer el vocabulario gastronómico
- hacerse entender en las tiendas
- comprar ropa

Antes de empezar

Ir de compras es una ocasión perfecta para aprender vocabulario y pasarlo bien, sobre todo si se va al mercado (**o mercado**) para comprar productos frescos o si se regatea en los mercadillos (**as feiras**). En Portugal hay cada vez más cadenas de supermercados (**os supermercados**) así como centros comerciales (**os centros comerciais**), hipermercados (**hipermercados**) y, en la mayoría de las ciudades, **minimercados**. Pero, para practicar portugués, no hay nada como aventurarse en las tiendas (**as lojas**), donde se tiene un contacto directo con los portugueses. ¡Venga, **vamos às compras!**

Diálogo 1

No mercado *En el mercado*

La sra. Silva va al mercado a comprar fruta y verdura.

Senhora Silva	Bom dia, minha senhora. Tem laranjas hoje?
Vendedora	Tenho, sim. Quantas quer?
Senhora Silva	Dê-me dois quilos se faz favor. E há cenouras?
Vendedora	Há, sim.
Senhora Silva	Bom, pois quero meio quilo.
Vendedora	Que mais?
Senhora Silva	Também queria umas peras*. São boas?
Vendedora	São boas, mas estão um pouco maduras.
Senhora Silva	Ah, maduras não quero. Está bem, então é tudo.

(a) laranja	*(la) naranja*	**meio quilo**	*medio kilo*
quantas?	*¿cuántas?*	**que mais?**	*¿algo más?* (literalmente *¿qué más?)*
dê-me	*déme*	**(a) pera***	*(la) pera*
(o) quilo	*(el) kilo*	**maduro/a**	*maduro(a)*
(a) cenoura	*(la) zanahoria*	**é tudo**	*(eso) es todo*

Gramática

1. En el mercado

Para ayudarle a hacer la compra en el mercado, en el recuadro de la página siguiente encontrará una lista de vocabulario muy útil.

Os legumes	*Las verduras*	**As frutas**	*Las frutas*
(a) alface	*(la) lechuga*	**(a) melancia**	*(la) sandía*
(a) couve	*(la) col rizada*	**(a) ameixa**	*(la) ciruela*
(a) salsa	*(el) perejil*	**(a) banana**	*(el) plátano*
(a) batata	*(la) patata*	**(a) cereja**	*(la) cereza*
(a) cebola	*(la) cebolla*	**(a) maçã**	*(la) manzana*
(o) agrião	*(el) berro*	**(a) nêspera**	*(el) níspero*
(o) alho-porro/francês	*(el) puerro*	**(a) tangerina**	*(la) mandarina*
(o) repolho	*(la) col*	**(o) ananás**	*(la) piña*
(o) coentro	*(la) cilantro*	**(o) limão**	*(el) limón*
(o) cogumelo	*(la) seta*	**(o) melão**	*(el) melón*
(o) pimento	*(el) pimiento*	**(o) morango**	*(la) fresa*
(o) tomate	*(el) tomate*	**(o) pêssego**	*(el) melocotón*

O peixe	*El pescado*	**A carne**	*La carne*
(a) cavala	*(la) caballa*	**(a) codorniz**	*(la) codorniz*
(a) lampreia	*(la) lamprea*	**(as) tripas**	*(los) callos*
(a) pescada	*(la) merluza*	**(o) borrego/ cordeiro**	*(el) cordero*
(a) sardinha	*(la) sardina*	**(o) cabrito**	*(el) cabrito*
(a) lula	*(el) calamar*	**(o) coelho**	*(el) conejo*
(o) atum	*(el) atún*	**(o) fígado**	*(el) hígado*
(o) bacalhau	*(el) bacalao*	**(o) frango**	*(el) pollo*
(o) camarão	*(la) camarón*	**(o) javali**	*(el) jabalí*
(o) carapau	*(el) verdel*	**(o) leitão**	*(el) lechón*
(o) espadarte	*(el) pez espada*	**(o) pato**	*(el) pato*
(o) linguado	*(el) lenguado*	**(o) peru**	*(el) pavo*
(o) marisco	*(el) marisco*	**(a) carne de porco**	*(la) carne de cerdo*
(o) peixe-espada	*(el) pez sable*	**(a) carne de vaca**	*(la) carne de buey*
(o) polvo	*(el) pulpo*	**(a) carne de vitela/ novilho**	*(la) carne de ternera*

En lo que se refiere a la carne, quizá le resulte útil conocer los nombres de algunos cortes:

(a) costeleta	*(la) chuleta*
(o) escalope	*(la) escalopa*
(o) entrecosto	*(el) entrecot*
(a) fatia	*(la) loncha*
(o) quarto	*(el) asado*
(a) asa	*(el) ala*
(a) coxa	*(el) muslo*

Así como los pesos:

(o) quilo (de)	*(el) kilo (de)*	**250 gramas de**	*250 gramos de*
meio quilo de	*medio kilo de*	**100 gramas de**	*100 gramos de*

Sopa de letras

¿Podría encontrar en esta sopa de letras los nombres de 10 productos frescos?

M E L A N C I A A B
C U A P A R A C D E
F G E I H I J K S L
M R N M M P Q A R J
A S R E P O L H O A
N T U N V U W X Y V
A Z A T L B C D E A
N F G O J K L M N L
A H A J N A R A L I
B E S P A D A R T E

Diálogo 2

Na mercearia *En la tienda de ultramarinos*

Lea o escuche el siguiente diálogo entre el tendero y su clienta.

Freguesa	Boa tarde senhor Maurício, como está?
Senhor Maurício	Bem, obrigado. E a senhora?
Freguesa	Estou bem. Olhe, preciso de comprar algumas coisas.
Senhor Maurício	Então, diga lá.
Freguesa	Quero meia dúzia de ovos, um litro de leite magro, um pacote de manteiga e uma garrafa de azeite.
Senhor Maurício	O azeite só temos desta qualidade; o mais barato acabou-se ontem.
Freguesa	Não faz mal. Levo este. Tem fiambre?
Senhor Maurício	Temos este, que é muito bom, e também temos este presunto aqui.
Freguesa	Pode cortar-me cinco fatias do presunto? E quanto é aquele queijo lá ao fundo?
Senhor Maurício	Aquele queijo da Serra custa sete euros e cinquenta o quilo.
Freguesa	Então, dê-me trezentos gramas por favor.

Senhor Maurício	Mais alguma coisa?
Freguesa	É só. Obrigada. Quanto é?
Senhor Maurício	Ora bem, são vinte e cinco ao todo.

(o/a) freguês/esa	*(el/la) cliente(a)*
olhe	*mire*
preciso de	*necesito*
comprar	*comprar*
algumas coisas	*algunas cosas*
diga lá	*dígame*
meia dúzia	*media docena*
(o) ovo	*(el) huevo*
(o) litro	*(el) litro*
(o) leite (magro)	*(la) leche (descremada)*
(o) pacote	*(el) paquete*
(a) manteiga	*(la) mantequilla*
(a) garrafa	*(la) botella*
(o) azeite	*(el) aceite*
(a) qualidade	*(la) calidad*
o mais barato	*el más barato*
acabou-se	*se acabó*
ontem	*ayer*
não faz mal	*no importa*
levo	*me llevo*
(o) fiambre	*(el) jamón de York*
cortar-me	*cortarme*
(o) presunto	*(el) jamón*
(o) queijo (da Serra)	*(el) queso (de la Serra)*
ao fundo	*del fondo*
custa	*cuesta*
mais alguma coisa?	*¿algo más?*

Gramática

2. En la tienda de comestibles

La siguiente lista incluye otros artículos de consumo diario que se pueden comprar en la tienda de ultramarinos:

(a) água	*(el) agua*
(a) geleia	*(la) mermelada*
(a) mostarda	*(la) mostaza*
(a) pasta de dentes	*(la) pasta de dientes*
(a) azeitona	*(la) aceituna*
(a) bolacha	*(la) galleta*
(as) ervilhas	*(los) guisantes*
(o) bolo	*(el) pastel*
(o) mel	*(la) miel*
(o) milho doce	*(el) maíz*
(o) pão (de forma)	*(el) pan (de molde)*
(o) papel higiénico	*(el) papel higiénico*
(a) barra sabão	*(la) pastilla de jabón*
(os) fósforos	*(las) cerillas*

En la siguiente lista, encontrará los distintos tipos de contenedores:

(a) caixa de	*(la) caja de*	**(o) frasco**	*(el) frasco*
(a) garrafa	*(la) botella*	**(o) garrafão**	*(el) garrafón*
(a) lata	*(la) lata*	**(a) barra**	*(la) barra; (la) pastilla (de jabón)*
(o) pacote	*(el) paquete*		
(o) rolo	*(el) rollo*	**(o) tubo**	*(el) tubo*

Ejercicio

13.1 La lista de la compra de Alicia está desordenada y ya no sabe qué cantidad de cada artículo debe comprar. ¿Podría ayudarla a ordenar de nuevo la lista?

a um quilo de	presunto
b 3 costeletas de	água
c 6 fatias de	cenouras
d um pacote de	bolachas
e 2 caixas de	pasta de dentes
f uma garrafa de	porco
g um tubo de	fósforos
h uma dúzia de	ovos

Documento

Elisa quería comprar atún. ¿Lo ha hecho?

```
      SUPERMERCADO SILVA
    LARGO DE SANTA MARIA, 26
  7645 VILA NOVA MILFONTES
      CONT. N.801661528

C   1        SCONTR   367
                      EUROS
AGUA CRUZE     17%     0,37
ATUM CALVO     17%     0,55
       2        x0,40
IOG. PEDAC.    17%     0,80
PLANTA 250     17%     1,67
** TOTAL**             3,39
NUMERARIO              5,00
TROCO                  1,61

CAIZA      3  UNID     5
         OBRIGADO

  07-08-2003         17:05
```

Leitura

Lea o escuche este pasaje que trata de la compra de ropa.

Em Portugal há vários lugares onde se pode comprar roupa: nas feiras, nos centros comerciais e nas casas de moda. O vestuário e os sapatos portugueses são muito elegantes. Na Casa de Modas Silvana pode-se comprar não só roupa para homem (casacos, calças, camisas, gravatas, fatos) e para mulher (vestidos, blusas, saias, conjuntos), como também calçado: sapatos, sandálias e botas na moda. Há roupa de vários estilos, cores, padrões e tamanhos. A senhora Ferreira quer comprar uma blusa. Ela encontra um modelo de que gosta e pergunta se pode experimentar. Quando sai da cabine de provas pergunta se há a mesma blusa num tamanho maior e em verde. Ela não gosta muito da azul. Há muitas cores: vermelho, amarelo, rosa, branco, preto e laranja, além de azul-claro e verde-escuro. A senhora Ferreira escolhe uma blusa em preto, depois experimenta um par de sapatos de salto alto, de cabedal. Ela calça o número 39, e os sapatos servem-lhe perfeitamente.

(o) lugar (plural: **lugares**)	*(el) lugar; (el)sitio*
(a) casa de moda	*(la) tienda de ropa*
(o) vestuário	*(la) ropa*
(o) sapato	*(el) zapato*
não só... como também	*no solo… sino también*
(a) roupa para homem/mulher	*(la) ropa de caballero/señora*
(o) casaco	*(el) abrigo*

(as) calças	*(los) pantalones*
(a) camisa	*(la) camisa*
(a) gravata	*(la) corbata*
(o) fato	*(el) traje*
(o) vestido	*(el) vestido*
(a) blusa	*(la) blusa*
(a) saia	*(la) falda*
(o) conjunto	*(el) conjunto*
(o) calçado	*(el) calzado*
(a) sandália	*(la) sandalia*
(a) bota	*(la) bota*
na moda	*a la moda*
(o) estilo	*(el) estilo*
(o) padrão	*(el) estampado*
(a) cor (plural: **cores**)	*(el) color*
(o) tamanho	*(la) talla*
encontra	*encuentra*
(o) modelo	*(el) modelo*
experimentar	*probar*
sai	*sale*
(a) cabine de provas	*(el) probador*
pergunta	*pregunta*
o mesmo/a mesma	*el mismo/la misma*
maior	*mayor*
em verde	*en verde*
azul	*azul*
vermelho/a	*rojo(a)*
amarelo/a	*amarillo(a)*
rosa	*rosa*
branco/a	*blanco(a)*
preto/a	*negro(a)*
laranja	*naranja*
além de	*además de*
azul-claro	*azul claro*
verde-escuro	*verde oscuro*
escolhe	*elige*
experimenta	*se prueba*
(o) par	*(el) par*
de salto alto	*de tacón alto*
de cabedal	*de cuero*
calça o número 39	*calza un 39 (literalmente el número 39)*
servem-lhe perfeitamente	*le quedan perfectamente*

Ejercicios

13.2 ¿Puede contestar a la siguientes preguntas basadas en el texto de la **Leitura?**

a Onde se pode comprar roupa em Portugal?
b Os sapatos portugueses são elegantes?
c Pode-se comprar roupa para criança na Casa Silvana?
d O que quer comprar a senhora Ferreira?
e De que cor é a blusa que ela experimenta?
f Ela escolhe que cor?
g Que tipo de sapatos experimenta?
h Ela gosta ou não?

CD2 • 12

13.3 Siga las indicaciones para completar su parte del diálogo. Encontrará las respuestas en el CD o en las **soluciones de los ejercicios**.

Senhor Renato	Bom dia!
a Usted	*Diga*: *«Buenos días. Quisiera un litro de leche y un pan de molde»*
Senhor Renato	Só temos este pão.
b Usted	*Diga que da igual y que se lleva uno. Pregúntele si tiene jamón.*
Senhor Renato	Sim, temos este, que é bom.
c Usted	*Pregúntele: «¿Puede cortarme seis lonchas, por favor?».*
Senhor Renato	Que mais?
d Usted	*Diga que también quiere una lata de aceitunas y una pastilla de jabón.*
Senhor Renato	Mais?
e Usted	*Diga que eso será todo, gracias. Pregúntele cuánto es.*

14

comer fora

comer fuera

En esta unidad aprenderá a:

- encargar una comida en una cafetería o un restaurante
- conocer las distintas bebidas típicas de Portugal
- entender los menús

Diálogo 1

Na pastelaria *En la pastelería*

O Paulo e os amigos entram na pastelaria Suíça. *Paulo y sus amigos entran en la pastelería Suíça.*

Empregada	Boa tarde, que desejam?
Paulo	Pois, para mim, um galão e um pastel de bacalhau.
Nuno	Eu queria uma bica e uma sandes de queijo.
Empregada	E para a menina?
Maria	Tem pastéis de nata?
Empregada	Temos, sim.
Maria	Então, dê-me dois, se faz favor.
Empregada	E para beber?
Maria	Um sumo de laranja.
Empregada	Mais alguma coisa?
Paulo	Pode ser também uma água mineral sem gás.
Empregada	Fresca ou natural?
Paulo	Fresca. Obrigado.
Empregada	Muito bem.

(a) pastelaria	*(la) pastelería*
(o) galão	*(el) café con leche*
(o) pastel de bacalhau	*(el) pastel de bacalao*
(a) bica	*(el) café solo (exprés)*
(a) sandes	*(el) bocadillo*
(o) pastel de nata (plural: **pastéis**)	*(el) pastel de nata*
(o) sumo de laranja	*(el) zumo de naranja*
mais alguma coisa?	*¿desea algo más?*
com	*con*
sem	*sin*
fresco/a	*fresco(a)*
natural	*natural*

Café *El café*

En Portugal se prepara una gran variedad de bebidas a base de café: desde el café solo corto hasta el café americano, pasando por toda la gama intermedia. Para que le sirvan un café recién hecho tiene que pedir un **café «de máquina»**. En el siguiente recuadro encontrará los cafés más habituales.

(a) bica/(o) café/(o) cimbalino	*(el) café solo (exprés)*
(a) bica curta/(a) italiana	*(el) café (solo) corto*
(a) bica cheia	*(el) café largo*
(o) carioca	*(el) café americano*
(o) garoto	*(el) cortado*
(o) pingado/(o) pingo	*(el) cortado con una gota de leche*
(o) café com leite/(a) meia de leite	*(el) café con leche*
(o) galão	*(el) café con leche (grande)*

Ejercicio

14.1 El camarero vuelve a la mesa con una bandeja llena de bebidas y cosas para picar pero ha olvidado quién pidió qué. ¿Puede ayudarle?

3 bicas	1 pingado	1 galão
1 sandes de queijo	4 pastéis de bacalhau	5 pastéis de nata
3 sandes de fiambre		

¿Podría decir en portugués lo que pide cada uno?

a Paulo quiere un café solo, un bocadillo de jamón y una pastel de nata.
b Nuno quiere un café con leche, un bocadillo de queso, un pastel de bacalao y un pastel de nata.
c Ana quiere un café solo, un bocadillo de jamón y dos pasteles de bacalao.
d Maria quiere un cortado con una gota de leche, un bocadillo de jamón y dos pasteles de nata.
e Miguel quiere un café solo, un pastel de bacalao y un pastel de crema.

BANNER'S
COMIDA RÁPIDA DE LISBOA - SOC. GESTÃO, LDA
CONTRIBUINTE N.º 502 367 857
RESTAURANTE 2.ª CLASSE

SEXTAS, SÁBADOS E VÉSPERAS DE FERIADOS ABERTO ATÉ 02 HORAS DA MADRUGADA

ABERTO TODOS OS DIAS DAS 11:30 ÀS 24:00

PIZZAS

1 MARGARITA	Molho de tomate, queijo, oregão
2 FANTASIA	Salame
3 ROMANA	Anchovas, ovo, fiambre
4 VEGETARIANA	Pimentos verdes, cogumelos, cebola
5 RAINHA	Fiambre, cogumelos, tomate
6 MAFIOSO	Salame, pimentos verdes, cebola
7 EXÓTICA	Ananás, fiambre
8 QUATRO ESTAÇÕES	Salame, fiambre, cogumelos, azeitonas, ovo
9 NEPTUNO	Camarão, mexilhão, berbigão, azeitonas
10 FRANGO	Frango, cogumelos, azeitonas
11 MEXICALE	Feijão, piripiri, tomate, alface, carne picada
12 BANNER'S	Salame, cogumelos, pimentos verdes, fiambre, pepperoni, cebola
13 CALZONE	Qualquer pizza (de cima), fechada

Diálogo 2

Na pizzaria *En la pizzería*

O Nuno e a Ana estão com pressa e querem comer alguma coisa rápida. *Nuno y Ana tienen prisa y quieren comer algo rápido.*

Nuno	Então, o que é que vais escolher?
Ana	Bom, para mim, acho que quero uma pizza Romana, com uma dose de batatas fritas.
Nuno	Tens muita fome! Eu só quero uma pizza Frango, e mais nada.
Ana	Não bebes nada?

Nuno	Vou pedir uma limonada. E tu, o que queres?
Ana	Pois, eu também quero um refrigerante. Talvez uma laranjada.
Nuno	Está bom, então vamos pedir, se não, vamos chegar atrasados ao cinema.
Empregada	Façam favor?
Ana	É uma pizza Romana com batatas fritas, uma pizza Frango, uma limonada e uma laranjada, se faz favor.
Empregada	É para levar ou vão comer aqui dentro?
Ana	É para comer aqui. Obrigada.

acho que	*creo que; pienso que*
uma dose	*una ración*
(a) fome	*(el) hambre*
e mais nada	*y nada más*
limonada	*limonada*
laranjada	*naranjada*
(o) refrigerante	*(el) refresco*
pedir	*pedir*
para levar	*para llevar*

Ejercicios

14.2 Lea el menú de la pizzeria Banner's de la página 126. ¿Qué pizza elegiría si quiere que tenga los siguientes ingredientes?

- **a** pollo/champiñones/aceitunas
- **b** piña/jamón de York
- **c** una pizza con lechuga
- **d** una pizza con un huevo y champiñones
- **e** una pizza con camarones

14.3 Ahora, conteste a la preguntas **a-c** que están en español, y construya frases en portugués con las indicaciones de **d-j**.

- **a** ¿Qué días está abierto Banner's?
- **b** ¿De qué hora a qué hora?
- **c** ¿Hacen descuentos?
- **d** Pregunte a su amigo(a) qué quiere tomar.
- **e** Diga que cree que quiere una pizza de pollo.
- **f** Diga a su amigo(a) que (él) tiene mucha hambre.
- **g** Pregunte a su amigo(a) si no bebe nada.
- **h** Diga que tomará una naranjada.
- **i** Pregunte a su amigo(a) si quiere un refresco.
- **j** Diga que quiere una ración de patatas fritas.

ⓘ Salir a comer fuera y a tomar algo

Portugal está lleno de sitios donde se puede comer y tomar algo. Si quiere comer rápido, vaya a una cafetería o a una **pastelaria** donde tienen todo tipo de pasteles. Para comer con todas las de la ley, vaya a un **restaurante**; algunos están clasificados siguiendo el sistema de estrellas. Las **tascas** son más asequibles pero hasta hace poco solo las frecuentaban los hombres. El vino se sirve directamente desde la barrica. Infórmese de si existen **tascas** de buena reputación en la ciudad donde esté. Quizá descubra verdaderas perlas.

ⓘ Las bebidas

Las cervezas (**cerveja**) son del estilo de las cervezas rubias que se beben en España. Pida **um fino** o **uma imperial** para una caña de barril y **uma caneca** para una jarra. Si tiene mucha sed, puede pedir **uma girafa:** una jarra de litro... Además, el vino Portugués está muy bien de precio y es excelente.

o vinho branco	*el vino blanco*
o vinho tinto	*el vino tinto*
o vinho verde	*el vino «verde»*
o vinho moscatel	*el moscatel*
o vinho rosé	*el vino rosado*
o vinho espumante/espumoso	*el vino espumoso*
o vinho do Porto	*el oporto*

Documento

¿Qué han bebido los comensales de esta mesa con la comida?

RESTAURANTE CAFÉ CERVEJARIA *Floresta da Cidade*

Contribuinte n.º 805 595 570

Travessa Poço da Cidade, 10-12 – 1200 Lisboa

Telef. 21 346 06 21

TALÃO DE MEAS

Couvert	€ *3,25*
Aperitivos	*2,70*
Sopa	
Peixe	*13,20*
Carne	
Marisco	
Pão	*1,00*
Vinho	*6,45*
Águas	*1,40*
Regrigerantes	
Cerveja	

CD2 • 15

Leitura

A comida portuguesa *La comida portuguesa*

Lea o escuche este pasaje que habla de la gastronomía portuguesa.

A comida portuguesa é muito variada e deliciosa. Cada região tem os seus próprios pratos típicos como, por exemplo, as tripas no Porto; a carne de porco à Alentejana, no Alentejo; e em Trás-os-Montes, a feijoada. Os portugueses comem muito peixe, como as sardinhas (assadas) e o bacalhau – dizem que existem 365 receitas de bacalhau, uma para cada dia do ano! Come-se bastante marisco, em pratos como arroz de marisco e açorda de marisco. As sopas portuguesas são realmente uma delícia, espessas e muito saudáveis. Experimente o caldo verde. Come-se sempre pão às refeições, caseiro e muito bom. Usa-se muito alho e azeite na cozinha portuguesa e muito sal – e é por isso que é aconselhável beber bastante água. Os portugueses adoram doces e sobremesas, tais como pudim flan, mousse de chocolate, e outros com nomes estranhos, como papos de anjo, feitos com muitos ovos e açúcar e que acabam com a dieta!

O vinho é especialmente bom. Há várias regiões que produzem vinho de alta qualidade.

O Douro: a região do vinho do Porto, tanto branco como tinto, e do vinho verde.

Lisboa: sobretudo, em Colares, um bom tinto.

Setúbal: o vinho doce, para sobremesa.

O Alentejo: pequenas cidades como Borba, Redondo, produzem excelentes tintos de preço baixo.

(a) comida	*(la) comida*
cada	*cada*
os seus próprios/as suas próprias	*sus propios/sus propias*
(as) tripas	*(los) callos*
(a) carne de porco à Alentejana	*carne de cerdo con almejas* (literalmente *cerdo a la alentejana)*
(a) feijoada	*estofado de cerdo y judías pintas*
(a) açorda de marisco	*plato a base de migas y marisco*
espesso/a	*espeso(a)*
saudável (saudáveis)	*saludable (saludables)*
(a) refeição (plural: **refeições**)	*(la) comida*
(o) pão caseiro	*(el) pan casero*
(o) alho	*(el) ajo*

(o) azeite	*(el) aceite de oliva*
é aconselhável	*es aconsejable*
(a) sobremesa	*(el) postre*
tais como	*tales como*
(os) papos de anjo	*pastelitos de crema pastelera*
(o) pudim flan	*(el) flan*
acabam (acabar) com	*acaban con*
(a) dieta	*(la) dieta; (el) régimen*

ⓘ A ementa *El menú*

Los menús se suelen presentar como la **ementa** de más abajo. El **couvert** es un suplemento que incluye el pan, la mantequilla, etc. En algunos restaurantes, especialmente los más turísticos, suelen poner una selección de cosas para picar: aceitunas, queso, camarones, jamón... Es fácil dejarse tentar y picar un poco de cada plato, pero puede resultar bastante caro. Aunque solo se coja una aceituna o un camarón, se factura la ración entera. Lo mejor es decidir desde el principio lo que se quiere tomar y pedir que retiren el resto de platos.

a ementa

Entradas	*Entrantes*
Carnes	*Carnes*
Peixes	*Pescados*
Sobremesas/Doces	*Postres*
Bebidas	*Bebidas*
Vinhos	*Vinos*
Couvert	*suplemento por el cubierto*

PRATOS DO DIA

	€
costeletas de porco	**5,40**
escalopes de peru	**5,90**
bacalhau à Gomes Sá	**6,20**
arroz de marisco	**9,70/4,60**
laranja	**0,70**
mousse	**1,50**
pudim	**1,60**

ⓘ Pratos do dia *Los platos del día*

El recuadro superior ofrece como platos del día chuletas de cerdo, escalopas de pavo, bacalao y arroz con marisco. Normalmente, estos platos suelen ir acompañados de una ensalada, de arroz o de patatas. Observe que en algunos casos se puede pedir **meia dose** (*media ración*) a un precio más razonable. Como las raciones portuguesas suelen pecar de generosas, esta opción es muchas veces interesante. De postre puede elegir entre naranja, mousse de chocolate y flan.

(i) Ementa turística *Menú turístico*

De precio generalmente medio, este menú suele consistir en una comida completa con bebida incluida, lo que evita un exceso de dudas a la hora de pedir...

A ementa turística Pão e manteiga carne de porco ou pescada mousse de chocolate ou salada de fruta ½ garrafa de vinho/refrigerante café € 8,40

El menú del recuadro ofrece:

pan y mantequilla
carne de cerdo o merluza
una mousse de chocolate o una macedonia
½ botella de vino/un refresco
un café

Ejercicios

CD2 • 16 **14.4** Siga las indicaciones para completar su parte del diálogo. Encontrará las respuestas en el CD o en las **soluciones de los ejercicios**.

Empregado	Boa noite. Faz favor.
a Usted	*Salude al camarero y pregúntele si tienen sopa.*
Empregado	Sim, hoje temos sopa de marisco ou caldo verde.
b Usted	*Diga que le gustaría tomar un caldo verde.*
Empregado	E depois, para comer?
c Usted	*Diga que le gustaría tomar media ración de bacalao. Pregúntele si lleva ensalada como acompañamiento.*
Empregado	Sim, vem com uma pequena salada mista.
d Usted	*Diga que de acuerdo.*
Empregado	E para sobremesa?
e Usted	*Pregunte si puede ser un flan.*

Empregado	E para beber?
f Usted	*Diga que tomará media botella de vino blanco y, después, un café.*

14.5 Un camarero despistado ha escrito mal el menú. ¿En qué categoría debería aparecer cada plato?

EMENTA

1	**carne de porco à Alentejana**	
2	**açorda de marisco**	
3	**pão**	**A) Entradas**
4	**vinho da casa**	
5	**queijo da Serra**	
6	**manteiga**	**B) Carnes**
7	**salada de fruta**	
8	**café**	
9	**pudim Molotov**	**C) Peixes**
10	**sopa de legumes**	
11	**refrigerantes**	
12	**bolo de chocolate**	**D) Sobremesas**
13	**caldo verde**	
14	**prato de camarão**	
15	**bacalhau à Brás**	**E) Bebidas**
16	**escalopes de peru**	
17	**cerveja – imperial**	
18	**pescada**	
19	**mousse de chocolate**	**F) Couvert**
20	**água mineral**	

15

sentir-se mal

encontrarse mal

En esta unidad aprenderá a:

- hablar de enfermedades benignas y medicamentos
- reaccionar bien en caso de accidente
- hacerse entender en la farmacia o en la consulta del médico

Antes de empezar

Si se pone enfermo mientras pasa unos días en Portugal, y la cosa no es grave, vaya a la farmacia (**a farmácia**). Los farmacéuticos suelen ser muy amables y le darán buenos consejos para que no tenga que ir al médico (**o médico**). Las consultas médicas son de pago y se hacen en el centro de salud (**centro de saúde**) del barrio o en el hospital (**o hospital**) si el problema es grave. Ir al dentista (**o dentista**) es caro. Antes de salir de viaje, solicite la tarjeta sanitaria europea que acredita el derecho a recibir las prestaciones sanitarias en el territorio de la Unión Europea y en Suiza.

Gramática

1. Problemas médicos

Vamos a aprender ahora nuevo vocabulario que le permitirá estar preparado ante cualquier problema médico. Si le hace daño algo, diga: **dói-me** (o **doem-me** en plural), seguida de la parte del cuerpo que le duele.

Dói-me a cabeça. *Me duele la cabeza.*
Doem-me os dentes. *Me duelen las muelas.*

También puede decir: **Tenho dor de** + la parte del cuerpo.

Tenho dor de garganta. *Tengo dolor de garganta.*

Si habla de un tercero:

Dói-lhe... *Le duele...*
Doem-lhe... *Le duelen...*

Y:

Tem dor de... *Tiene dolor de...*

En estos casos, quizá esté obligado a hablar de los miembros de su familia (*marido, hijo*, etc.). Repase la unidad 4 para refrescar sus conocimientos antes de hacer los ejercicios de esta unidad.

Aprenda las partes del cuerpo con ayuda de la ilustración de la página siguiente. Si le duele el oído, tendrá que decir **doem-me os ouvidos**, en plural.

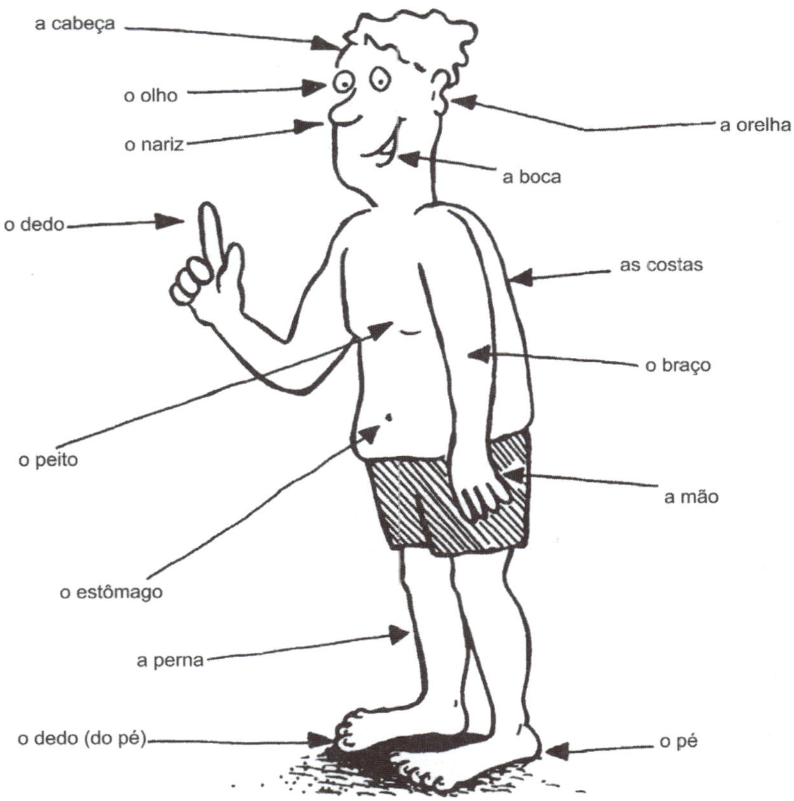

a cabeça
o olho
o nariz
a orelha
a boca
o dedo
as costas
o braço
o peito
a mão
o estômago
a perna
o dedo (do pé)
o pé

Esta es una lista de las dolencias más corrientes:

estou constipado/a	*estoy constipado(a)*
tenho gripe	*tengo gripe*
tenho uma enxaqueca	*tengo migraña; tengo jaqueca*
apanhei (apanhou) uma insolação	*he (ha) cogido una insolación*
cortei (cortou)...	*me he cortado (se ha cortado)...*
bati (bateu)...	*me he dado un golpe (se ha dado un golpe)...*
magoei (magoou)...	*me he hecho daño (se ha hecho daño)...*

Diálogo 1

Não me sinto bem *No me encuentro bien*

A Maria tem dor de cabeça. *Maria tiene dolor de cabeza.*

João	Olá, Maria, estás bem?
Maria	Não, não estou. Tenho dor de cabeça.
João	Já tomaste alguma coisa?
Maria	Sim, tomei uma aspirina há meia hora.
João	Então, porque não vais para casa e te deitas um pouquinho – vais sentir-te melhor depois.
Maria	Tens razão. Vou agora para casa.

já tomaste alguma coisa?	*¿ya has tomado algo?*
tomei	*he tomado*
há meia hora	*hace media hora*
porque não vais para casa e	*porque no te vas a casa y*
te deitas um pouquinho	*te acuestas un poco*
sentir-te	*sentirte*
tens razão	*tienes razón*
vou agora	*ahora voy*

Diálogo 2

Sinto-me tonto *Estoy mareado*

O sr. Carvalho não se sente bem. *El sr. Carvalho no se encuentra bien.*

Ana	Bom dia senhor Carvalho. Como está?
Sr. Carvalho	Não me sinto bem.
Ana	Qual é o problema?
Sr. Carvalho	Sinto-me tonto e creio que vou vomitar.
Ana	Então, é melhor sentar-se um pouco antes que desmaie.
Sr. Carvalho	Boa ideia. Vou sentar-me aqui uns momentos.

não me sinto bem	*no me encuentro bien*
(o) problema	*(el) problema*
sinto-me tonto	*estoy mareado*
creio que	*creo que*
vomitar	*vomitar*
é melhor...	*es mejor*
sentar-se	*sentarse*
antes que desmaie (desmaiar)	*antes de que se desmaye (desmayar)*

Ejercicio

15.1 ¿Cómo traduciría las siguientes frases al portugués?

a Me duele la garganta.
b Mi hija se ha cortado el dedo.
c Me duele el oído.
d Mi marido tiene una insolación.
e Creo que mi hijo va a vomitar.
f Me he dado un golpe en el dedo del pie.
g Mi amiga se ha hecho daño en la pierna.

(i) Si alguna vez se ve envuelto en un accidente en Portugal o quiere dar parte de uno, la información siguiente es esencial:

Marque el 112 para llamar a los servicios de urgencias:

Houve um acidente.	*Ha habido un accidente.*
Precisamos duma ambulância.	*Necesitamos una ambulancia.*
Precisamos de ajuda.	*Necesitamos ayuda.*

Esté preparado para dar detalles:

onde?	*¿dónde?*	**o seu nome**	*su nombre*
pessoas feridas?	*¿heridos?*		

Hablar por teléfono da un poco de respeto, sobre todo en una situación de emergencia. Aquí tiene algunas expresicnes útiles:

Por favor, pode falar mais devagar?	*¿Puede hablar más despacio, por favor?*
Pode repetir?	*¿Puede repetir?*
Sou espanhol/espanhola.	*Soy español/española.*

Ejercicio

15.2 Al llegar al hospital, debe dar sus datos personales. ¿Sabría rellenar un formulario (**uma ficha**) como el siguiente?

FICHA DE DADOS PESSOAIS – Centro de Saúde

NOME COMPLETO ____________________

IDADE ____________________

DATA DE NASCIMENTO ____________________

LUGAR DE NASCIMENTO ____________________

MORADA ____________________

NÚMERO DE TELEFONE ____________________

BILHETE DE IDENTIDADE ____________________

NÚMERO DE CONTRIBUINTE ____________________

EM CASO DE EMERGÊNCIA CONTACTAR ____________________

(o) nome completo	*(el) nombre completo*
(a) idade	*(la) edad*
(a) data de nascimento	*(la) fecha de nacimiento*
(o) lugar de nascimento	*(el) lugar de nacimiento*
(a) morada	*(la) dirección*
(o) número de telefone	*(el) número de teléfono*
(o) bilhete de identidade	*(el) carnet de identidad (o pasaporte para los turistas)*
(o) número de contribuinte	*(el) numero de la seguridad social (se puede dar el número del seguro de viaje si se conoce)*
em caso de emergência, contactar...	*en caso de emergencia, contactar con...*

CD2 • 19

Diálogo 3

Na farmácia *En la farmacia*

Na farmácia para comprar alguma coisa para as dores de garganta. *En la farmacia para comprar algo contra el dolor de garganta.*

Senhora Tem alguma coisa para as dores de garganta?
Farmacêutico É para si ou para uma criança?

Senhora	Para mim.
Farmacêutico	Só lhe dói a garganta ou tem outros sintomas?
Senhora	Também me dói um pouco a cabeça.
Farmacêutico	Bom. Recomendo este xarope para a garganta – tome três vezes por dia. E para as dores de cabeça, estes comprimidos ou estas aspirinas.
Senhora	Levo os comprimidos.
Farmacêutico	Tome dois de seis em seis horas.

tem alguma coisa para...?	*¿tiene algo para...?*
para si/mim	*para usted/mí*
criança	*niño*
(o) sintoma	*(el) síntoma*
recomendo	*recomiendo*
(o) xarope	*(el) jarabe*
três vezes por dia	*tres veces al día*
ou	*o*
(o) comprimido	*(el) comprimido*
levo	*me llevo*
de seis em seis horas	*cada seis horas*

Documento

¿Para qué parte del cuerpo está recomendado este medicamento?

Quando
a garganta
arde
e queima...

... a solução é Calmacaina.

Gramática

2. Remédios *Medicamentos*

Aquí tiene vocabulario referido a los medicamentos y los cuidados médicos:

(o) comprimido	*(el) comprimido*
(a) aspirina	*(la) aspirina®*
(o) paracetamol	*(el) paracetamol*

(a) pastilha para a garganta	*(la) pastilla para la garganta*
(a) ligadura	*(la) venda*
(o) penso rápido	*(la) tirita®*
(o) creme (para...)	*(la) crema (para...)*
(a) loção (para...)	*(la) loción (para...)*

Leitura

Lea los datos que se facilitan más abajo sobre los números de teléfono de urgencias y de asistencia médica y conteste a las preguntas.

(os) bombeiros *(los) bomberos*

1. ¿Qué número marcaría si necesitase un médico de urgencias?
2. En las llamadas efectuadas a las farmacias de urgencias de Lisboa, ¿cuándo hay que pagar 1,85€?
3. ¿Quién contesta si se marca el 112?
4. En Viseu, ¿qué número marcaría para hablar con el hospital del distrito?
5. ¿Por qué motivo llamaría al 232 262 166?

FARMÁCIAS

LISBOA

Das 22 às 9 horas chamadas com receitas do dia ou da véspera - €0,30. Chamadas nãs urgentes - €1,85.

NÚMERO NACIONAL DE SOCORRO

112

VISEAU (032)
Bombeiros Municipais 232 262166
Bombeiros Voluntários 232 268122
Hospital Distrital- 232 424124
GNR - 232 421958 e 232 421585
Brigada de Trânsito - 232 266377
PSP - 232 422041
Aeródromo de Viseu - 232 459849
Electricidade
(Falta de luz e água) 232 425175
Serviços Municipalizados - 232 423112
Rodoviária Beira Litoral - 232 422822

16

viajar de carro

viajar en coche

En esta unidad aprenderá a:

- hablar de los coches y del tráfico
- reconocer el tipo de combustible en las gasolineras
- respetar el código de la circulación
- avisar de un accidente y denunciar un robo

Antes de empezar

En conjunto, la red de carreteras de Portugal es muy buena. En los últimos años, se han arreglado muchas carreteras y las ciudades principales se comunican por autopista. Si alquila un coche, asegúrese de que lleva siempre el permiso de conducir en regla, los papeles del seguro y el contrato de alquiler. Si le dejan un coche unos amigos, debe disponer de una carta que le autoriza a conducirlo. Lleve siempre encima su documento de identidad o su pasaporte.

Diálogo 1

De carro *En coche*

O Miguel pede informações sobre o caminho para a Nazaré. *Miguel pregunta cómo se va a Nazaré.*

Miguel	Desculpe, este é o caminho certo para a Nazaré?
Senhora	Não é exactamente, não. Era melhor seguir por esta estrada até à rotunda, e lá tomar a segunda saída e seguir por esse caminho.
Miguel	Vai demorar muito?
Senhora	Acho que não. A Nazaré fica a oitenta quilómetros daqui, mais ou menos. Se seguir a EN 135, vai ver logo os sinais para a Nazaré. É um instantinho.
Miguel	Muito obrigado e bom dia.

(o) caminho certo	*(el) camino correcto*
exactamente	*exactamente*
era melhor	*era mejor*
(a) estrada	*(la) carretera*
(a) rotunda	*(la) rotonda*
(a) saída	*(la) salida*
vai demorar muito?	*¿se tarda mucho?*
a Nazaré fica a 80 quilómetros daqui	*Nazaré está a 80 kilómetros de aquí*
acho que não	*creo que no*
mais ou menos	*más o menos*
se seguir	*si sigue*
(a) EN (Estrada Nacional) 135	*(la) N (carretera nacional) 135*
vai ver logo	*enseguida verá*
(o) sinal (de trânsito) (plural: **sinais**)	*(la) señal (de tráfico)*
é um instantinho	*es un momento*

Gramática

1. Las partes del coche

Observe el coche del dibujo (**o carro/o automóvel**) e intente aprender el nombre de sus distintas partes. Cuando se viaja, ¡nunca se sabe qué avería se puede tener!

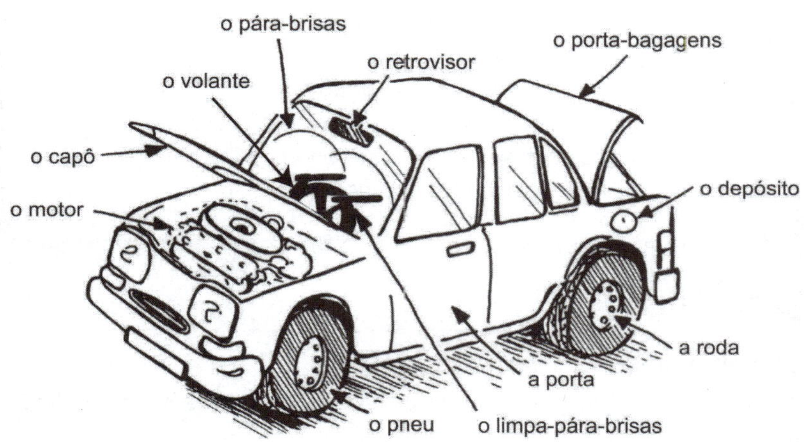

Diálogo 2

Na estrada *En la carretera*

A Manuela telefona para uma oficina para pedir ajuda. *Manuela llama a un taller para pedir ayuda.*

Mecânico	Oficina Oliveira, boa tarde.
Manuela	Boa tarde. Faz favor, preciso de ajuda.
Mecânico	Qual é o problema?
Manuela	O meu carro está avariado. Creio que tenho um furo num pneu e tive problemas com os travões.
Mecânico	Onde está estacionada?
Manuela	Estou na EN 135, perto de Loulé, ao lado de uma escola.
Mecânico	Bom, então espere dentro do carro, vou organizar um reboque.
Manuela	Vai demorar?
Mecânico	Pode demorar um pouco porque não conheço bem o caminho.
Manuela	Paciência!

avariado/a	*averiado(a)*
creio que	*creo que*
(o) furo num pneu	*(el) pinchazo*
tive problemas	*tuve problemas*
(o) travão (plural: **travões**)	*(el) freno*
estacionado/a	*aparcado(a); estacionado(a)*
(a) escola	*(la) escuela*
espere	*espere*
organizar	*organizar*
(o) reboque	*(la) grúa; (el) remolque*
não conheço bem	*no conozco bien*
paciência!	*¡paciencia!*

Gramática

2. Conhecer, saber *Conocer, saber*

Hemos visto estos verbos en unidades precedentes y ya hablamos de **conhecer** en la unidad 9. Los encontrará en el siguiente recuadro conjugados en todas las personas del presente de indicativo.

	conhecer	**saber**
eu	**conheço**	**sei**
tu	**conheces**	**sabes**
ele, ela / você / o sr./a sr.ª	**conhece**	**sabe**
nós	**conhecemos**	**sabemos**
vós	**conheceis**	**sabeis**
eles, elas / vocês / os sr.es/as sr.as	**conhecem**	**sabem**

3. Achar *Pensar, encontrar, creer*

Achar es un verbo muy práctico que se puede traducir por *pensar, encontrar, hallar* y *creer* según el caso. Fácil de conjugar ya que pertenece al grupo de los verbos en **-ar**, acuérdese de usarlo para expresar una duda o una opinión.

Não acho as minhas chaves.	*No encuentro mis llaves.*
Acho que não é o caminho certo.	*Creo que no es el camino correcto.*
Então, que achas do meu carro?	*Entonces, ¿qué piensas de mi coche?*

Ejercicio

16.1 Conjugue los verbos **saber** o **conhecer** en la persona correcta.

- **a** A Maria ... o meu irmão.
- **b** Nós não ... as horas.
- **c** Tu queres ... Espanha?
- **d** Eles ... o Presidente.
- **e** O João não ... o meu nome.

Diálogo 3

Nas bombas de gasolina *En la gasolinera*

O senhor Neto quer comprar gasolina. *El sr. Neto quiere poner gasolina.*

Senhor Neto	Boa tarde. Quero gasolina, se faz favor.
Empregado	Claro. Quer super, sem chumbo ou gasóleo?
Senhor Neto	Sem chumbo.
Empregado	Quantos litros?
Senhor Neto	Pode encher o depósito. Preciso também de pôr ar nos pneus e quero dois litros de óleo, por favor.
Empregado	Muito bem.
Senhor Neto	Aceita cartão de crédito?
Empregado	Aceitamos, sim.

(as) bombas de gasolina	*(la) gasolinera*
(a) gasolina	*(la) gasolina*
super	*súper*
sem chumbo	*sin plomo*
(o) gasóleo	*(el) gasoil; (el gasóleo)*
(o) óleo	*(el) aceite*
quantos litros?	*¿cuántos litros?*
pode encher o depósito	*puede llenar el depósito*
pôr	*poner*
(o) ar	*(el) aire*
aceita/aceitamos	*acepta/aceptamos*
(o) cartão de crédito	*(la) tarjeta de crédito*

Ejercicio

16.2 En portugués, ¿podría:

a preguntar si es el camino correcto para Lisboa?
b preguntar si va a durar mucho?
c decir que su coche está averiado?
d decir que necesita una grúa?
e decir que quiere ocho litros de gasolina sin plomo?
f preguntarle a alguien si acepta tarjetas de crédito?
g pedirle a alguien que llene el depósito?

Leitura

Lea o escuche el siguiente pasaje que habla de la normas esenciales del código de la circulación en Portugal.

Conduzir em Portugal: algumas regras gerais

- É obrigatório usar cinto de segurança; crianças menores de 12 anos devem viajar no banco traseiro.
- O limite aceitável (e legal) de álcool é de menos de 0.4 gramas por litro. Apesar da grande campanha contra "o beber" e "o conduzir" ("Bebeu? Não conduza!"), é de surpreender quantas pessoas continuam a sair para tomar uns copos e a voltar para casa de carro.
- Todos os veículos devem ter uma caixa de primeiros-socorros e um triângulo vermelho para montar na estrada em caso de avaria.
- Os limites de velocidade são 50 quilómetros por hora, dentro de cidades; 90 km/h, nas estradas e 120 km/h, nas autoestradas*. Para veículos maiores, tais como camiões e camionetas, os limites chegam a ser aproximadamente 20 por cento mais baixos.
- Quando se conduz há menos de um ano, deve-se observar um limite de velocidade de 90 quilómetros por hora, e deve-se expor um autocolante no vidro traseiro do carro.

(o) cinto de segurança	*(el) cinturón de seguridad*
deve/devem/deve-se	*debe/deben/se debe*
(o) banco traseiro	*(el) asiento trasero*
(o) limite aceitável	*(el) límite autorizado*
apesar de	*a pesar de*

conduzir	*conducir*
Bebeu? Não conduza!	*Si bebe, no conduzca*
surpreender	*sorprender*
tomar uns copos	*tomar unas copas*
(a) caixa de primeiros-socorros	*(el) botiquín de primeros auxilios*
montar	*montar*
em caso de	*en caso de que*
(a) avaria	*(la) avería*
(o) camião (plural: **camiões**)	*(el) camión*
chegam a ser	*llegan a ser*
mais baixos	*más bajos*
há menos de um ano	*hace menos de un año*
(o) autocolante	*(la) pegatina*
(o) vidro traseiro	*(la) luna trasera*

Ejercicio

16.3 ¿Puede contestar a estas preguntas en portugués?

a É obrigatório usar cintos de segurança?
b Todos os veículos devem ter o quê?
c É legal beber e conduzir em Portugal?
d Quando se conduz há menos de um ano, o que se deve fazer?
e Qual é o limite de velocidade para carros nas autoestradas*?

(i) Si por desgracia se ve implicado en un accidente de tráfico, siga las instrucciones dadas en la unidad 15 para conseguir ayuda. Tendrá que rellenar un formulario y la policía de tráfico (generalmente la **GNR**: **Guarda Nacional Republicana**) hará un informe.

Si le roban el coche o algo que tenía dentro, tiene que denunciarlo en la **Esquadra da Polícia** (*comisaría*) más próxima.

CD2 • 24 Diálogo 4

Na esquadra *En la comisaría*

A senhora Castro informa a Polícia sobre um roubo. *La sra. Castro denuncia un robo a la policía.*

Senhora Castro	Bom dia. Chamo-me Silvia Castro e sou espanhola. Estou aqui de férias. Quero comunicar um roubo de algumas coisas no meu carro.
Polícia	Que coisas?
Senhora Castro	A minha máquina fotográfica, uma mala que continha o meu passaporte e uma carteira com dinheiro.
Polícia	Como aconteceu?
Senhora Castro	O vidro está partido.
Polícia	A senhora não sabe que corre um grande risco ao deixar objetos* dentro dum carro?
Senhora Castro	Eu sei, mas só demorei um pouco.
Polícia	Vai ter de preencher esta ficha em triplicado. Tem os seus documentos?

comunicar	*comunicar*
(o) roubo	*(el) robo*
que coisas?	*¿qué cosas?*
(a) máquina fotográfica	*(la) cámara de fotos*
(a) mala	*(el) bolso*
que continha...	*que contenía...*
(a) carteira	*(la) cartera*
(o) dinheiro	*(el) dinero*
como aconteceu?	*¿cómo ocurrió?*
partido/a	*roto(a)*
corre um grande risco	*corre un gran peligro*
ao deixar	*al dejar*
(o) objeto*	*(el) objeto*
só demorei um pouco	*solo tardé un poco*
preencher	*rellenar*
em triplicado	*por triplicado*

Ejercicio

16.4 En esta sopa de letras se esconden ocho palabras relativas a los coches. ¿Puede encontrarlas?

P	N	E	U	F	V	S	Q	S	G
F	E	U	Q	O	B	E	R	E	A
O	U	N	J	K	W	A	E	O	S
T	C	B	Y	I	D	V	P	V	O
I	B	M	L	A	W	A	P	A	L
S	L	P	R	F	B	R	J	R	I
O	M	T	D	L	M	I	G	T	N
P	S	M	K	B	T	A	J	T	A
E	G	H	Q	A	P	D	C	X	W
D	M	K	Y	W	Q	O	E	L	O

17

o alojamento

el alojamiento

En esta unidad aprenderá a:

- encontrar alojamiento
- reservar habitación
- avisar de una avería
- usar el pretérito perfecto

Diálogo 1

No hotel *En el hotel (1)*

A família Santos procura quartos num hotel. *La familia Santos busca habitaciones en un hotel.*

Senhor Santos	Tem quartos vagos para hoje?
Recepcionista	Temos, sim. Quantos são?
Senhor Santos	Somos cinco.
Recepcionista	É para quantas noites?
Senhor Santos	Vamos ficar cinco noites.
Recepcionista	Querem um quarto de família ou quartos individuais?
Senhor Santos	O quarto de família tem quantas camas?
Recepcionista	Tem uma cama de casal e três camas individuais.
Senhor Santos	Então, ficamos com esse.

tem quartos vagos?	*¿tiene habitaciones libres?*
quantos são?	*¿cuántos son?*
somos cinco	*somos cinco*
para quantas noites?	*¿para cuántas noches?*
ficar	*quedar(se)*
(o) quarto de família	*(la) habitación familiar*
(o) quarto individual (plural: **individuais**)	*(la) habitación individual*
(a) cama de casal	*(la) cama de matrimonio*
(a) cama individual	*(la) cama individual*
ficamos com esse	*nos quedamos con ese*

Diálogo 2

No hotel *En el hotel (2)*

A Sónia não encontra quarto... *Sónia no encuentra habitación...*

Sónia	Tem quartos vagos?
Recepcionista	Para quantas pessoas?
Sónia	Só para uma.
Recepcionista	Para quando?
Sónia	Para hoje e amanhã.
Recepcionista	Lamento, mas já não há quartos individuais para hoje. Talvez haja no Hotel Sol, que fica aqui em frente.
Sónia	Está bem. Obrigada pela ajuda.

para quantas pessoas?	*¿para cuántas personas?*
para quando?	*¿para cuándo?*
lamento	*lo siento; lo lamento*
já não há	*ya no hay*
talvez haja	*quizá haya*
obrigado/a pela ajuda	*gracias por su ayuda*

Diálogo 3

No hotel *En el hotel (3)*

A senhora Gómez quer reservar um quarto. *La sra. Gómez quiere reservar una habitación.*

Senhora Gómez	Está?
Recepcionista	Estou, sim.
Senhora Gómez	É da pensão Lusa?
Recepcionista	É sim. Bom dia.
Senhora Gómez	Olá bom dia. Queria reservar um quarto de casal para o dia 22.
Recepcionista	Quantas noites pretendem ficar?
Senhora Gómez	Três.
Recepcionista	Quer com casa de banho privativa?
Senhora Gómez	Sim, se faz favor, e pequeno-almoço.
Recepcionista	Qual é o nome?
Senhora Gómez	É Gómez.
Recepcionista	Como se escreve?
Senhora Gómez	G-O-M-E-Z.
Recepcionista	Muito bem, senhora Gómez. Está reservado. Até ao dia 22. Bom dia, com licença.

está?	*¡Hola!* (literalmente *¿está?)*
estou	*¿dígame?* (literalmente *estoy)*
(a) pensão	*(la) pensión*
reservar	*reservar*
(o) quarto de casal	*(la) habitación de matrimonio*
pretendem	*pretenden*
(a) casa de banho privativa	*(el) cuarto de baño individual*
como se escreve?	*¿cómo se escribe?*
reservado/a	*reservado(a)*
com licença	*con permiso (para acabar una conversación telefónica)*

Ejercicio

17.1 En portugués:

- **a** Pregunte si hay habitaciones libres.
- **b** Diga que son tres.
- **c** Diga que le gustaría reservar una habitación individual.
- **d** Pregunte si es la Pensão Sol.
- **e** Pregunte cuánto cuesta con desayuno incluido.

Gramática

1. En el hotel

(o) quarto	*(la) habitación*
(o) quarto individual	*(la) habitación individual*
(o) quarto duplo	*(la) habitación doble*
(o) quarto de casal	*(la) habitación de matrimonio*
com cama de casal	*con cama de matrimonio*
com duas camas	*con camas individuales*

Diálogo 4

No hotel *En hotel (4)*

O senhor Tejada tem um quarto reservado. *El sr. Tejada tiene una habitación reservada.*

Senhor Tejada	Boa noite. Tenho um quarto reservado para hoje e amanhã.
Recepcionista	Em que nome?
Senhor Tejada	Tejada. T-E-J-A-D-A
Recepcionista	Aqui está, senhor Tejada. É o quarto trezentos e vinte e cinco. Fica no terceiro andar; o elevador é ali à direita.
Senhor Tejada	Tem uma vista bonita?
Recepcionista	Tem, sim. O quarto dá para o mar. Faça o favor de preencher esta ficha. Preciso de ficar com o seu passaporte.

(a) vista	*(la) vista*
bonito/a	*bonito(a)*
dá (dar) para o mar	*da (dar) al mar*
faça favor de...	*haga el favor de…*
preencher	*rellenar*
preciso	*necesito*
ficar com	*quedar(se)*

Documento

a ¿Para cuántas personas era esta habitación?

b ¿A cuánto ascendía el suplemento por el desayuno?

Hotel Miraparque

Quarto	311	Preço	€36
N.º Pessoas	2	Preço P. Almoço	GRÁTIS
Chegada	3/10/06	Partida	11/10/06

Nome *Coutaud*

Este cartão servirá para a identificação junto dos serviços do Hotel, que poderão exigir a sua apresentação; conserve este cartão para utilizar no caso de reclamação perante os Serviços Oficiais de Turismo.

AV. SIDÓNIO PAIS, 12 - LISBOA - PORTUGAL - TEL 218 57 80 70 - FAX 218 51 67 45 - MITELP

(i) En Portugal se encuentran variadas formas de alojamiento que permiten satisfacer todos los gustos y todos los bolsillos. Se puede pasar la noche en una **pousada de juventude** (*albergue juvenil*) si el presupuesto es reducido, o, si se quiere gastar un poco más, se puede reservar en una **pensão** (*pensión*) o en un **residencial** (*pensión familiar*) donde también se sirven desayunos. Los hoteles tienen entre una y cinco estrellas. Asimismo existen **estalagens** (**uma estalagem**) o **albergues** (*albergues*) y, para los que disponen de medios, **pousadas**. Estas últimas, parecidas a nuestros paradores, suelen estar instaladas en castillos, monasterios o antiguas villas reconvertidas. Sea cual se su elección, siempre recibirá un trato excelente.

Diálogo 5

No hotel *En el hotel (5)*

Quando as coisas não funcionam... *Cuando las cosas no funcionan...*

Laura	Desculpe, o aquecimento no quarto não está a funcionar bem.
Recepcionista	Qual é o número do quarto?
Laura	É o duzentos e quinze. É possível alguém vir dar uma vista de olhos?
Recepcionista	Claro. Peço desculpas. Hoje temos tido alguns problemas. Como vê, o elevador também está avariado. Creio que é por causa do corte de electricidade que tivemos ontem à noite. Vou ver se podemos fazer qualquer coisa, está bem?
Laura	Obrigada.

(o) aquecimento	*(la) calefacción*
funcionar	*funcionar*
não está a funcionar bem	*no funciona bien*
alguém	*alguien*
dar uma vista de olhos	*echar una ojeada*
peço desculpas	*le pido disculpas*
temos tido	*hemos estado teniendo, llevamos teniendo*
como vê	*como ve*
por causa de	*a causa de*
(o) corte de electricidade	*(el) corte de electricidad*
tivemos	*tuvimos*
ontem à noite	*ayer por la noche*

Gramática

2. Otros ejemplos de formas verbales

- **Estar + a +** el verbo es el equivalente del *estar* + gerundio en español y sugiere que la acción se está realizando. Esta combinación se puede usar con todos los verbos y todas las personas:

estou a falar	*estoy hablando*
estamos a pensar	*estamos pensando*

- El pretérito indefinido de **ter** (*tener*) es:

(eu)	**tive**	*tuve*
(tu)	**tiveste**	*tuviste*
(ele, ela/você/o sr., a sr.ª)	**teve**	*tuvo*
(nós)	**tivemos**	*tuvimos*
(vós)	**tivestes**	*tuvisteis*
(eles, elas/vocês/os sr.es, as sr.as)	**tiveram**	*tuvieron*

El sistema para hablar del pasado en portugués es similar al que usamos en español aunque con ciertos matices que hacen que se emplee más el pretérito perfecto simple (indefinido).

- Para hablar de una acción en el pasado que se prolonga hasta el momento presente, se usa la siguiente estructura: el auxiliar **ter** (en presente) + participio del verbo. Este tiempo se llama pretérito perfecto compuesto en español y **pretérito perfeito composto** en portugués, aunque en esta lengua solo se utiliza cuando la acción se repite y suele ir acompañado de adverbios que delimitan esa iteración. Repase la unidad 4 si ha olvidado como se conjuga el verbo **ter** en presente de indicativo.

Formación del pretérito perfecto:

verbos en -ar: falar → falado
verbos en -er: comer → comido
verbos en -ir: partir → partido

No olvide que existen muchos verbos irregulares que ya irá aprendiendo sobre la marcha.

Hoje tenho comprado muitas coisas.	*He comprado/llevo compradas muchas cosas hoy.*
O João tem visitado jà muitos museus.	*João ha visitado muchos museos ya.*

Ejercicio

17.2 ¿Puede relacionar las frases en portugués con su traducción española?

i O elevador está avariado.
ii A água não está a funcionar.
iii O fogão não funciona.
iv A fechadura não está a funcionar bem.
v O ar condicionado está avariado.

a *La cocina no funciona bien.*
b *El ascensor está averiado.*
c *La cerradura no funciona bien.*
d *No hay agua.*
e *El aire acondicionado está averiado.*

Leitura

Lea o escuche el siguiente texto sobre las Pousadas e intente comprender lo esencial. Luego, conteste a las preguntas.

POUSADAS DE PORTUGAL

Situadas em locais de rara beleza, as Pousadas de Portugal oferecem ao visitante amigo 32 destinos para descobrir as tradições e hábitos das gentes de Portugal.

Com reduzida capacidade de alojamento, permitem um acolhimento atento e um serviço personalizado. No campo gastronómico, as Pousadas desvendam-nos os segredos de uma arte milenária recriando o melhor da cozinha regional, acompanhada pelos mais genuínos vinhos portugueses.

Na tranquilidade das pousadas de Portugal, descobrirá a maneira de viver e o sentir das cidades e aldeias deste país, restituindo-lhe o sentido da arte e do prazer de viajar.

1 ¿Entre cuántos destinos se puede elegir?
2 ¿Qué tipo de servicio se ofrece?
3 ¿Qué tipo de comida dan?
4 ¿Qué ofrece la tranquilidad de la Pousada al visitante?
5 ¿Dónde están situadas las Pousadas?

Ejercicio

CD2 • 31 **17.3** Siga las instrucciones y complete su parte del diálogo. Encontrará las respuestas en el CD o en las **soluciones de los ejercicios**.

a Usted	*Pregunte si hay habitaciones libres para hoy.*
Recepcionista	Temos, sim. Quantos são?
b Usted	*Diga que son tres.*
Recepcionista	É para quantas noites?
c Usted	*Diga que se van a quedar dos noches.*
Recepcionista	Querem quartos individuais?
d Usted	*Diga que le gustaría una habitación de matrimonio y una habitación individual.*
Recepcionista	Querem com casa de banho privativa?
e Usted	*Diga: «Sí, por favor, ¿cuánto cuesta?».*

18

fazer campismo

ir de *camping*

En esta unidad aprenderá a:

- hablar de *camping*
- hablar del tiempo que hace
- entender las previsiones meteorológicas

Antes de empezar

Ir de *camping* en Portugal es fácil y barato. Hay muchos *campings* en todo el país. Sin embargo, la acampada libre no está muy bien vista.

Diálogo 1

No campismo *En el* camping

Lea o escuche el siguiente diálogo en el que el sr. Sousa elige una parcela en un *camping*.

Senhor Sousa	Olá, bom dia. Tem vagas?
Recepcionista	Temos algumas. Tem tenda, carro e caravana ou autocaravana?
Senhor Sousa	Temos carro e atrelado com duas tendas.
Recepcionista	Bom, temos vários lugares, há um à esquerda debaixo das árvores, outro ao fundo do parque, que dá para o lago, e há dois aqui ao pé do parque infantil.
Senhor Sousa	Qual recomenda?
Recepcionista	Pois, é difícil. Aqui, perto do parque infantil é sempre mais barulhento; ao fundo do parque é sossegado, mas um pouco isolado, e debaixo das árvores pois não sei se vai chover hoje, e assim, é uma maçada ter a chuva a pingar em cima das tendas.
Senhor Sousa	Vamos para o fundo. Gostamos do sossego.
Recepcionista	Vão ficar quanto tempo?
Senhor Sousa	Se calhar, oito dias. Há uma loja aqui no parque?
Recepcionista	Aqui ao lado da receção*. Vende tudo, desde mercearia e jornais a garrafas de gás e coberturas impermeáveis. Abre das sete e meia da manhã até às nove e um quarto da noite. Também há um bar e um pequeno café.

(a) vaga	*(la) plaza libre*
(a) tenda	*(la) tienda*
(a) caravana	*(la) caravana*
(a) autocaravana	*(la) autocaravana*
(o) atrelado	*(el) remolque*
(o) lugar	*(la) parcela*
(a) árvore	*(el) árbol*
(o) lago	*(el) lago*
(o) parque infantil	*(el) parque infantil*
recomenda	*recomienda*

difícil	*difícil*
isolado/a	*aislado(a)*
vai chover	*va a llover*
assim	*así*
é uma maçada	*es una molestia/un rollo*
(a) chuva	*(la) lluvia*
pingar	*gotear*
(o) sossego	*(la) tranquilidad; (el) sosiego*
se calhar (familiar)	*quizá*
(a) receção*	*(la) recepción*
vende	*vende*
desde... a...	*de... a...*
(a) mercearia	*(la) tienda de ultramarinos*
(a) cobertura	*(la) cubierta*
impermeável (plural: **impermeáveis**)	*impermeable*

Ejercicio

18.1 ¿Puede contestar en portugués a las preguntas relacionadas con el diálogo?

- **a** Tem vagas no parque de campismo?
- **b** O senhor de Sousa tem caravana?
- **c** Qual é a vista ao fundo do parque?
- **d** Porque é uma maçada debaixo das árvores?
- **e** Onde é o lugar que o senhor escolheu (*ha escogido*)?
- **f** Quanto tempo vão ficar?
- **g** A loja vende que tipo de coisas?
- **h** A que horas abre?

Documento

¿Puede relacionar los símbolos con las palabras de la lista?

TENDA PEQUENA
TENDA GRANDE
CARAVANA
AUTOMÓVEL
AUTOCARRO
AUTOCARAVANA

i

ii

iii

iv

v

vi

Gramática

O tempo *El tiempo*

	Hoje *Hoy*	**Amanhã** *Mañana*
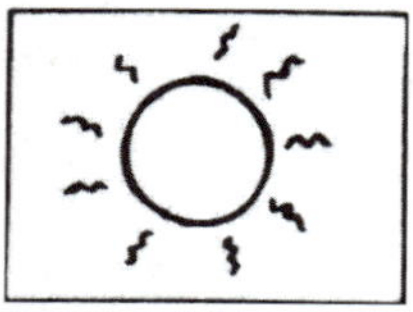	Faz sol/está sol. *Hace sol.*	Vai fazer/estar sol. *Va a hacer sol.*
	Faz/está calor. Está quente. *Hace calor.*	Vai fazer/estar calor. Vai estar quente. *Va a hacer calor.*
	Faz/está vento. Há muito vento. *Hace viento.*	Vai fazer/estar vento. Vai haver vento. *Va a hacer viento.*
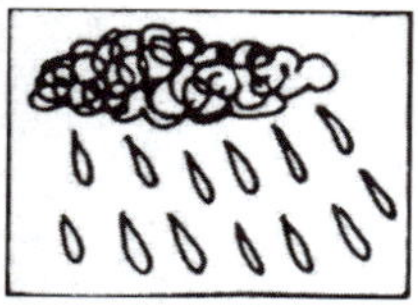	Está a chover. *Está lloviendo*	Vai chover. *Va a llover.*
	Faz /está frio. *Hace frío.*	Vai fazer /estar frio. *Va a hacer frío.*
	Está a nevar. Há neve. *Está nevando.*	Vai nevar. Vai haver neve. *Va a nevar.*

Diálogo 2

Na tenda *En la tienda*

Dos campistas están hablando de los problemas relacionados con el tiempo. Lea los diálogos y luego conteste a las preguntas del ejercicio con **verdadeiro** o **falso**.

Manuel	Ai! Que horror!
Sofia	O que há?
Manuel	Estou completamente picado pelos mosquitos. Deve ser por causa do calor.
Sofia	Olhe aqui também, toda a roupa está cheia de areia. Deve ser o vento.
Manuel	Vamos procurar outro lugar.

Ai!	*¡Ay!*
Que horror!	*¡Qué horror!*
O que há?	*¿Qué pasa?*
completamente	*completamente*
picado/a	*picado(a); acribillado(a)*
(o) mosquito	*(el) mosquito*
deve ser	*debe ser*
cheio/a de	*lleno(a) de*

Luís	Ai! Não acredito!
Ana	O que há?
Luís	Temos um buraco. A água está a pingar dentro da tenda. Toda a roupa está molhada.
Ana	Olhe aqui também, a entrada está toda cheia de lama. Deve ser por causa da chuva.

não acredito	*no me lo me puedo creer*
(o) buraco	*(el) agujero*
molhado/a	*mojado(a)*
(a) lama	*(el) barro*

Ejercicio

18.2 Indique si las siguientes afirmaciones basadas en los diálogos son **verdadeiras** (V) o **falsas** (F).

a A Sofia está picada pelos mosquitos.
b A roupa do Manuel está cheia de areia.
c É por causa da chuva.
d A tenda do Luís tem um buraco.
e Há lama dentro da tenda.
f É por causa da chuva.

Leitura

Estudie este mapa meteorológico e intente entender bien el texto de la previsión.

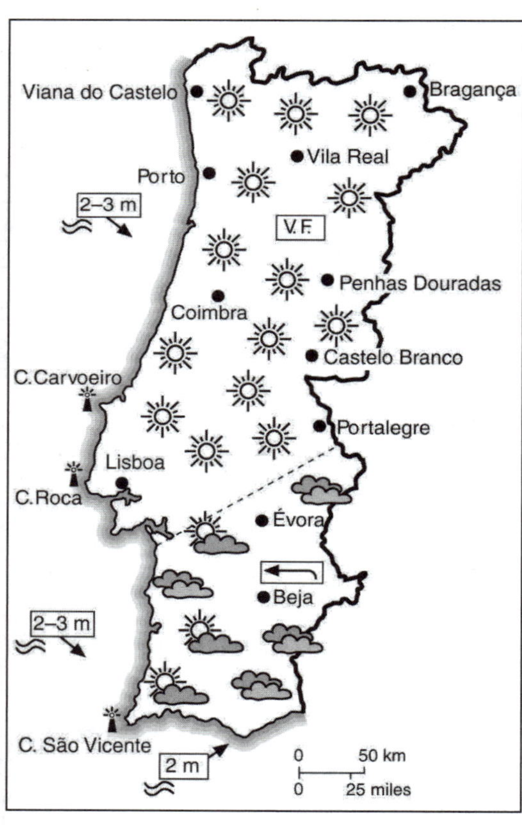

Hoje

No Continente:
Regiões do Norte e Centro: céu pouco nublado; vento fraco do quadrante leste; acentuado arrefecimento noturno* e formação de geada. *Estado do mar: encrespado*; ondulação noroeste de dois a três metros.

Regiões do Sul: céu pouco nublado, temporariamente muito nublado; vento fraco ou moderado de leste. *Estado do mar*: na costa ocicental, mar encrespado; ondulação noroeste de dois a três metros; na costa sul, mar encrespado ou de pequena vaga; ondulação sudeste de dois metros.

Amanhã

Céu geralmente limpo; vento fraco ou moderado de leste; acentuado arrefecimento noturno* com formação de geada.

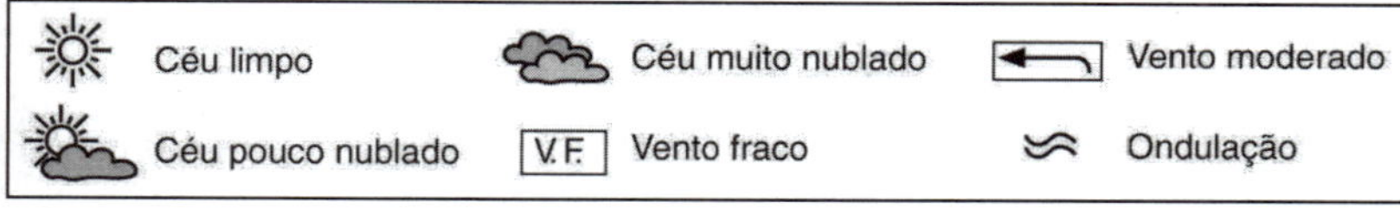

Estado do tempo hoje às 16 horas

(o) céu limpo	*(el) cielo despejado*
(o) céu pouco nublado	*(el) cielo poco nublado*
(o) céu muito nublado	*(el) cielo muy nublado*
(a) chuva	*(la) lluvia*
(a) trovoada	*(el) trueno*
(o) nevoeiro	*(la) niebla*
(o) vento fraco	*(el) viento suave*
(a) neve	*(la) nieve*
(o) vento moderado	*(el) viento moderado*
(a) geada	*(la) escarcha*
(o) vento forte	*(el) viento fuerte*
(a) ondulação	*(el) oleaje*

Diga si las siguientes afirmaciones son **verdadeiras** o **falsas**.

1. Hoje no norte o vento está forte.
2. Amanhã em geral o céu vai estar limpo.
3. Hoje, perto de Beja, o vento está moderado.
4. Hoje, no sul, o mar tem uma ondulação de quatro metros.
5. Amanhã vai haver geada à noite.
6. Hoje, no centro, o vento é do sul.

Ejercicios

18.3 Una el tiempo que hace a la ilustración correspondiente.

i Está frio. — **a** 

ii Há neve. — **b**

iii Há sol. — **c**

iv Está a chover. — **d**

v Faz vento. — **e**

vi Há trovoada. — **f**

18.4 Complete la previsión meteorológica siguiente en presente o en futuro. Para el futuro, use la estructura *ir* + verbo.

Hoje	Amanhã
Está calor.	**a** ...
Há sol.	**b** ...
c ...	Vai fazer frio.
Está a chover.	**d** ...
e ...	Vai haver vento.
f ...	Vai nevar.

19

os divertimentos

el ocio

En esta unidad aprenderá a:

- hablar de actividades al aire libre
- conjugar los verbos regulares en pretérito indefinido
- hablar de actividades culturales

Diálogo 1

Na praia *En la playa*

O Jorge e a Teresa decidem ir à praia. *Jorge y Teresa deciden ir a la playa.*

Jorge	Vamos à praia hoje?
Teresa	Está bem. Está calor, é ideal para ir nadar. Podemos levar um piquenique e passar lá a tarde inteira. Que tal?
Jorge	Boa! Podemos jogar voleibol.
Teresa	Tu podes jogar sozinho; eu quero apanhar sol e dormir!
Jorge	Preguiçosa! Cuidado com o sol. É perigoso dormir. Precisamos de levar proteção* contra o sol.

é ideal para	*es ideal para*
nadar	*nadar*
podemos	*podemos*
levar	*llevar*
(o) piquenique	*(el) picnic*
a tarde inteira	*toda la tarde*
que tal?	*¿qué te parece?*
boa! (familiar)	*¡fenómeno!*
(o) voleibol	*(el) vóleibol*
apanhar sol	*tomar el sol*
dormir	*dormir*
cuidado	*cuidado*
é perigoso	*es peligroso*
(o) protetor* solar	*el protector solar*

Diálogo 2

No parque *En el parque*

O Senhor Mendes e a Senhora Oliveira falam sobre o que fizeram ontem. *El sr. Mendes y la sra. Oliveira hablan de lo que hicieron ayer.*

Senhor Mendes	O que fez ontem?
Senhora Oliveira	Ontem, pois, fui com a minha família ao parque. Esteve um dia muito bonito para passear.
Senhor Mendes	O que fizeram lá?
Senhora Oliveira	Levámos um piquenique e passeámos à sombra das árvores. Os meus filhos jogaram futebol. Vimos muitas coisas: pássaros, flores, e tantas borboletas!

Senhor Mendes	Foram também ao lago?
Senhora Oliveira	Fomos. Havia muita gente, portanto não conseguimos um barco, mas gostámos muito do passeio. E o senhor, fez alguma coisa interessante?
Senhor Mendes	Eu? Trabalhei o dia inteiro!

o que fez ontem?	*¿qué hizo ayer?*
fui/fomos/foram	*fui/fuimos/fueron*
(o) parque	*(el) parque*
passear	*pasear*
o que fizeram lá?	*¿qué hicieron allí?*
levámos	*llevamos*
passeámos	*paseamos*
à sombra das árvores	*a la sombra de los árboles*
jogaram	*jugaron*
vimos	*vimos*
(o) pássaro	*(el) pájaro*
(a) flor (plural: **flores**)	*(la) flor*
tantas	*tantas*
(a) borboleta	*(la) mariposa*
havia muita gente	*había mucha gente*
não conseguimos	*no conseguimos*
gostámos	*nos gusto*
trabalhei	*trabajé*

Gramática

Hablar en pasado

Como ya hemos dicho en la unidad 17, para hablar del pasado el portugués usa estrategias similares que el español. El pretérito perfecto simple (indefinido) [**pretérito perfeito**] se usa para hablar de acciones totalmente acabadas. En la página siguiente encontrará las terminaciones verbales del pretérito perfecto simple de los tres grupos verbales regulares así como de algunos verbos irregulares.

	-ar	-er	-ir
	fal/ar	**com/er**	**part/ir**
	(*hablar*) [hablé...]	(*comer*) [comí...]	(*irse*) [me fui...]
eu	**falei**	**comi**	**parti**
tu	**falaste**	**comeste**	**partiste**
ele, ela / você / o sr., a sr.ª	**falou**	**comeu**	**partiu**
nós	**falámos**	**comemos**	**partimos**
vós	**falastes**	**comestes**	**partistes**
eles, elas / vocês / os sr.es, as sr.as	**falaram**	**comeram**	**partiram**
	ir	**fazer**	**ver**
	(*ir*) [fui...]	(*hacer*) [hice...]	(*ver*) [vi...]
eu	**fui**	**fiz**	**vi**
tu	**foste**	**fizeste**	**viste**
ele, ela / você / o sr., a sr.ª	**foi**	**fez**	**viu**
nós	**fomos**	**fizemos**	**vimos**
vós	**fostes**	**fizestes**	**vistes)**
eles, elas / vocês / os sr.es, as sr.as	**foram**	**fizeram**	**viram**

A continuación le mostramos algunas expresiones útiles para hablar del pasado:

ontem	*ayer*
anteontem	*anteayer; antes de ayer*
(a) semana passada	*(la) semana pasada*
(o) mês passado	*(el) mes pasado*
(o) ano passado	*(el) año pasado*
(a) quinta(-feira) passada	*(el) jueves pasado*
(as) férias passadas	*(las) vacaciones pasadas*
ontem à noite	*ayer por la noche*

Ejercicio

19.1 a Forme frases en pasado que describan las actividades de estas personas.

i O Paulo	viste	ao parque.
ii Tu	fizeram	o filme.
iii Eu e a Maria	foi	ontem.
iv Vocês	visitámos	muitas coisas interessantes.
v Eu	trabalhei	a cidade.

b En portugués, ¿podría:

i sugerir a un amigo ir al parque hoy?
ii decir que quiere jugar a fútbol?
iii preguntar a su mejor amigo(a) qué hizo ayer?
iv decir que usted fue a la playa?
v preguntar a Juan si le gusta el parque?

ⓘ En Portugal, hay muchas cosas que hacer y que ver. Por ejemplo, se pueden visitar algunos de los castillos (**castelos**) y palacios (**palácios**) más antiguos y pintorescos de Europa. No escasean los parajes naturales de gran belleza, ya sean parques, bosques (**florestas**) o cadenas montañosas (**serras**). No olvidemos tampoco los museos (**museus**) y las galerías de arte (**galerias de arte**) que atesoran ricas colecciones que no hay que perderse.

En el país se pueden practicar muchos deportes como el tenis, el golf o el fútbol, así como deportes náuticos, que son muy populares (windsurf y surf). Y si lo que se quiere es descansar, no hay nada mejor que sentarse en la terraza de una cafetería para leer el diario (en portugués, claro está) o ver cómo pasa el tiempo.

CD2 • 37

Leitura

Acaban de darle este folleto que habla de las actividades que se pueden hacer durante las vacaciones en el Algarve.

Região de turismo do Algarve

1

MERCADOS

Tudo se compra, tudo se vende. Desde a fresca hortaliça às flores perfumadas. Dos coloridos molins dos muares que puxam as carroças de grandes rodas, aos cestos de empreita, que têm múltiplas utilizações, e, também, fruta, objetos* de uso diário, vestuário, etc.

2

EXPOSIÇÕES

Conhecer as obras de artistas portugueses e estrangeiros. Desvendar as tradições, o património cultural do povo algarvio. Uma forma de enriquecer as suas férias.

3

FOLCLORE

A dança algarvia é endiabrada, alegre, rápida. Fala de dias de sol, de corpos ágeis, de tradições que se revivem porque são eternas.
E a sua música fica no ouvido...

4

DESPORTO

O sol sempre presente. Clima ameno nos 12 meses do ano. Variado e moderno equipamento. Razões que fazem do Algarve o paraíso dos desportistas.

5

PARQUES DE DIVERSÕES

A alegria e o sol juntam-se para horas de prazer, de puro divertimento. Uma forma sempre agradável de passar os dias de férias com toda a família.

6

ATIVIDADES* CULTURAIS

Ciclo de passeios pela natureza e por Alcalar à descoberta do património natural e arqueológico desta zona do interior rural do concelho de Portimão.

7

FADO

Ouvir o fado é penetrar os segredos da alma portuguesa. Nos sons plangentes da guitarra, no canto que evoca amores e ciúmes, revela-se o sentido da palavra saudade. Fado é alegria e tristeza, é música que se ouve em silêncio, é uma recordação que fica para sempre.

Todos los miembros de su familia se interesan por cosas distintas. Lea sus perfiles y decida qué actividad le gustaría hacer a cada uno en al Algarve atribuyéndoles el número correspondiente.

El perfil de su familia

Su madre	Le gusta mirar cuadros. Quiere realizar una actividad cultural pero que sea en interior.
Su padre	Le gusta la vida al aire libre y se interesa por las ruinas antiguas y los bellos parajes naturales.
Su hermano pequeño	Quiere pasar el tiempo fuera, al sol, jugando a tenis o practicando *windsurf*.
Sus dos hermanas	Quiere hacer algo en lo que participe toda la familia.
Sus abuelos	Prefieren algo tranquilo. Al abuelito le gusta mucho tocar la guitarra.

Ejercicio

CD2 • 38 **19.2** Siguiendo las indicaciones, complete su parte del diálogo. Encontrará las respuestas en el CD o en las **soluciones de los ejercicios**.

Bárbara	O que fez a semana passada?
a **Usted**	*Diga que, la semana pasada, usted y su hermana visitaron Lisboa.*
Bárbara	O que fizeram lá?
b **Usted**	*Diga que fueron a un palacio y que vieron muchas cosas interesantes.*
Bárbara	Levaram um piquenique?
c **Usted**	*Diga que no, que comieron en una cafetería de la plaza.*
Bárbara	Gostaram da visita?
d **Usted**	*Diga que les gustó mucho.*

20

finalmente...

para acabar...

Felicidades. Ha llegado al final de este método. Aprender un idioma solo en casa no es nada fácil pero, ahora, ya debería tener la confianza necesaria para practicar portugués en situaciones reales. A la gente le encanta que los extranjeros se esfuercen por hablar su lengua. Ante usted se abrirá un mundo nuevo cuando los portugueses le pregunten con entusiasmo **Fala português?** Se dará cuenta de que el aprendizaje de esta lengua bien valía el tiempo y el esfuerzo que le ha dedicado.

El tipo de portugués que acaba de aprender es el portugués «estándar». Sin embargo, si viaja por distintas regiones de Portugal (o si viaja a otro país en el que se hable portugués), descubrirá que hay diferencias regionales en cuanto al acento y el vocabulario. Por ejemplo, los habitantes del Algarve tienen tendencia a «comerse» las palabras; el principio y el final de la frase son a veces inaudibles. A título de ejemplo, la palabra **obrigado** suele sonar algo así como **briga**. En cuanto al vocabulario, el término local para designar un panecillo es **papo-seco**, mientras que en Lisboa se suele decir **pãozinho**. En las zonas rurales las pronunciación de las palabras suele ser más larga y melodiosa. En las regiones más aisladas del norte, se habla todavía leonés, conocido como **mirandês**. Por tanto, prepárese para estas diferencias y no olvide que eso ocurre en todos los países. Lo que ha aprendido hasta ahora constituye una base excelente a partir de la que podrá progresar.

En lo que se refiere a la gramática, lo que se ha tratado en este método es proporcionarle los conocimientos indispensables para entablar conversaciones sencillas de la vida diaria. Además, es imprescindible hacer el esfuerzo de aprenderse bien las conjugaciones. En este libro empezó hablando de acciones en presente de indicativo, luego descubrió que existe una forma sencilla de hablar del futuro usando el verbo ir (*ir*) e incluso ha aprendido la estructura de dos formas del pasado. Para mejorar en su aprendizaje y para poder mantener «verdaderas» conversaciones en portugués, debe profundizar en sus conocimientos.

Lo que es esencial en el aprendizaje de un idioma es no dejar de practicar nunca ni su vertiente oral ni escrita. Como es lógico, lo ideal sería poder ir a Portugal para sumergirse por completo en un baño lingüístico. Pero en su defecto, practicar diez o quince minutos al día es una buena solución. Las películas, la radio o la televisión por satélite son también excelentes herramientas para mejorar la comprensión oral. La lectura también es vital por lo que le recomendamos que consiga revistas o periódicos portugueses, o que los consulte por Internet, y lea pequeños artículos para intentar extraer la idea general. No se lance desde el principio a leer artículos demasiado complejos ya que podría desanimarse. Lo mejor es avanzar poco a poco. Más vale unas sesiones de trabajo cortas pero frecuentes que sesiones largas pero demasiado alejadas en el tiempo.

¿Y ahora? Para consolidar lo que ha aprendido necesita un método para un nivel más avanzado o, mejor aún, apuntarse a un curso de portugués. Eso le permitiría trabajar la expresión oral con otras personas a lo que se añadiría las correcciones del profesor. Sea cual sea su elección, recuerde que lo importante es disfrutar cuando estudia portugués y practicarlo cuando está de viaje. **Boa sorte!**

Anexos

Para que pueda evaluar sus progresos con este *Portugués Método Express* hemos preparado dos autoevaluaciones finales basadas en las unidades estudiadas. La **primera autoevaluación** cubre las unidades 1-10 y la **segunda autoevaluación** las unidades 11-19. Cada una de ellas está compuesta por un ejercicio por unidad.

Encontrará las respuestas en las **soluciones de las autoevaluaciones finales**, páginas 194-195. Cuando las preguntas exigen una respuesta libre, normalmente le ofrecemos una respuesta tipo como guía.

Para que pueda conocer su resultado, se indica el número de puntos que vale cada ejercicio (sobre un total de 70 puntos por autoevaluación). Estas son unas indicaciones para que pueda valorar su resultado:

60-70 puntos	¡Enhorabuena! Domina todos los temas que ha aprendido.
46-59 puntos	Muy bien. Domina la mayor parte de los temas tratados en las unidades. Intente identificar los puntos que le han causado más problemas para repasarlos.
35-45 puntos	Está bien pero hay que repasar varios temas.
Menos de 35 puntos	No está tan mal pero sería conveniente volver a revisar todas las unidades. Cuando las haya repasado, vuelva a hacer las autoevaluaciones para evaluar sus progresos.

El aprendizaje de una lengua es un proceso que exige tiempo por lo que no debe preocuparse si no ha sido capaz de acordarse de todos los aspectos tratados en este método. No se desanime: haga una pausa de varios días y ya verá que, cuando se ponga a estudiar de nuevo, lo verá todo más claro.

Primera autoevaluación final: Unidades 1-10

Esta autoevaluación abarca los puntos de vocabulario y de expresiones, de gramática y de lengua más importantes. Remítase a la página 178 para saber cómo interpretar los resultados y a la página 194 para comprobar las respuestas. **Boa sorte!** *¡Buena suerte!*

1 ¿Puede hacer las siguientes cosas? Diga las respuestas en voz alta y luego escríbalas. Cada respuesta correcta vale dos puntos.

a Decir «buenos días» y preguntarle a alguien qué tal está usando el tratamiento de cortesía (usted).

b Preguntarle a alguien cómo se llama usando el tuteo.

c Dar su propio nombre.

d Decir qué tal está usted.

e Decir «adiós» y «hasta pronto».

Puntos: _______ / 10

2 ¿A qué corresponden, en español, las nacionalidades y las lenguas siguientes?

a brasileiro

b espanhol

c belga

d alemão

e francês

Puntos: _______ / 5

3 Terminaciones verbales: ¿puede completar los verbos con la terminación correcta en función del sujeto?

-a	**-am**	**-am**	**-o**	**-a**	**-amos**

a Eu mor____.

b Nós trabalh______.

c Ela pint____.

d Vocês fal____.

e O senhor and_____.

f Eles estud_____.

Puntos: _______ / 6

4 Los miembros de la familia: ¿puede dar la traducción al español?

a o pai

b a filha

c o irmão

d a mulher

e os filhos

f a mãe

Puntos: _______ / 6

5 Describir un sitio: ¿puede completar los siguientes adjetivos poniendo las letras que faltan?

a l_m_o
b mov _ m _ nt _ d _
c c _ l _ o
d hi_ _ ó _ i _ o
e in _ e _ es _ an _e.

Puntos: _______ / 5

6 ¿Pude dar cinco nombres en portugués relativos a la casa (ej.: nombres de habitaciones o muebles)?

Puntos: _______ / 5

7 La hora: ¿puede decir las siguientes horas en portugués?

a mediodía
b 2h10
c 6h30
d 8h45
e 4h00 (de la tarde)
f 7h55 (de la mañana)

Puntos: _______ / 6

8 ¿Puede hacer las siguientes cosas? Cada respuesta acertada vale dos puntos.

a Decir algo que le gusta hacer en su tiempo libre.
b Decir con qué frecuencia va al supermercado.
c Preguntar a alguien si le gusta escuchar música.
d Decir lo que le gusta hacer a un miembro de su familia.

Puntos: _______ / 8

9 ¿Cuántos meses del año es capaz de decir en voz alta y escribir correctamente? Cada respuesta acertada vale un punto.

Puntos: _______ / 12

10 ¿Puede traducir las siguientes expresiones al portugués?

a en coche
b quisiera
c más de 20 euros
d 200
e se vende
f en el avión de las 9h30
g ¡come! / ¡coma!

Puntos: _______ / 7

Segunda autoevaluación final: Unidades 11-19

11 ¿Puede hacer las siguientes cosas? Dos puntos por cada respuesta correcta.

- **a** Decir «¿Hay una estación de tren aquí?».
- **b** Preguntar a qué hora sale el tren para Faro.
- **c** Pedir una lista de hoteles en el Centro de turismo.
- **d** Preguntarle a alguien si sabe dónde se encuentra el museo (use el tratamiento de cortesía [usted]).
- **e** Decir «es a la izquierda».
- **f** Decir «coja la primera calle a la derecha».

Puntos: _______ / 12

12 ¿Qué quieren decir estos carteles?

- **a** sanitários
- **b** fechado
- **c** entrada
- **d** aberto
- **e** não fumar
- **f** saída de emergência.

Puntos: _______ / 6

13 ¿Puede dar en portugués el nombre de:
tres verduras / tres frutas / tres pescados / tres carnes / tres artículos de ultramarinos / tres prendas / tres colores?

Un punto por cada palabra.

Puntos: _______ / 21

14 ¿Qué sirven en este menú?

pão e manteiga	salada e batatas fritas
sopa de legumes	pudim flan
sardinhas assadas	vinho tinto

Puntos: _______ / 6

15 Ponga en orden las letras para obtener cinco partes del cuerpo

- **a** BAEAÇC
- **b** BORÇA
- **c** NRAEP
- **d** ABCO
- **e** MOÃ

Puntos: _______ / 5

16 ¿Qué verbo portugués podría utilizarse en todas estas situaciones?

a ¿Crees que el neumático está pinchado?
b Ana piensa que va a llover.
c No encuentra sus llaves.
d Encuentro que no es caro.
e Piensa que es una idea muy buena.

Puntos: _______ / 5

17 ¿Puede traducir las siguientes frases al portugués?

a ¿Tiene habitaciones libres?
b Para dos personas.
c Me gustaría reservar una habitación.
d Tengo una habitación reservada.
e El aire acondicionado no funciona.

Puntos: _______ / 5

18 ¿Puede traducir los siguientes términos al español?

a vento **b** sol **c** frio **d** chuva **e** neve

Puntos: _______ / 5

19 Verbos en pasado: ¿puede traducir las siguientes frases al portugués?

a Hablé.
b Hiciste.
c Se fue.
d Comimos.
e Vimos.

Puntos: _______ / 5

Unidad 1

1.1 está / Estou / bem, obrigada / noite / até / Boa.

1.2 a Olá, bom dia. **b** Bom dia (*o* boa tarde *si ya es por la tarde*). **c** Boa tarde, até amanhã. **d** Adeus (*o* Tchau), até já (*o* até logo). **e** (Olá,) boa noite.

Documento: Por la tarde (**tarde**).

1.3 a Boa tarde. Estou bem, obrigado/a. E o Nuno, como está? **b** Adeus (*o* Tchau), até amanhã.

1.4 a Como se chama? **b** Como te chamas? **c** Como se chama (o senhor)?

1.5 Adeus; até já; até logo; boa tarde; bom dia; olá.

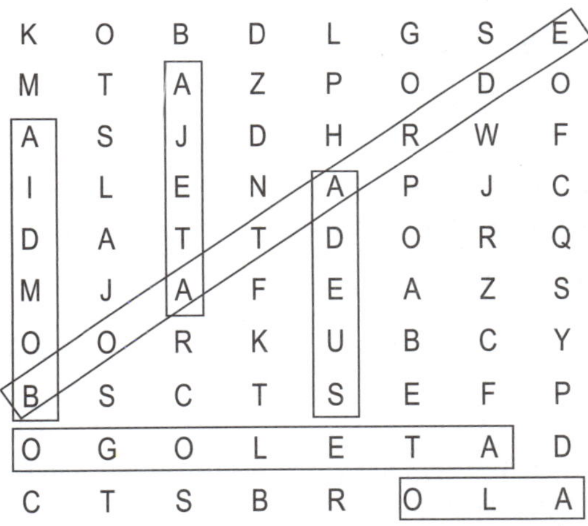

1.6 Bom dia, como está? / Estou bem, obrigado, e a senhora? / Bem, obrigada. / Desculpe, como se chama? / Chamo-me Lúcia, e o senhor? / Eduardo. / Muito prazer. / Igualmente.

Autoevaluación: a Boa tarde, como está? **b** Boa noite, até à próxima. **c** Como te chamas? **d** Chamo-me + *su nombre*. **e** Desculpe! **f** Muito prazer.

Unidad 2

2.1 a Sou de [Espanha]. **b** Sou [espanhol/espanhola]. **c** De onde é, Senhor Silva? / O Senhor Silva é de onde? **d** A Ana é brasileira. **e** De onde são (os senhores)? **f** O Steve é da Inglaterra. **g** O senhor e a senhora García são mexicanos.

2.2 a portuguesa **b** Alemanha **c** belga **d** franceses **e** Itália **f** suíças.

2.3 b O senhor e a senhora Schmidt são alemães. (Eles) são da Alemanha. **c** O Pierre é da Bélgica. (Ele) é belga. **d** O Martin, o Léo e a Jade são de França. (Eles) são franceses. **e** O Marco Giovanni é italiano. (Ele) é da Itália. **f** A Martine e a Lilie são da Suíça. (Elas) são suíças.

2.4 a Fala italiano? **b** Não sou mexicano/mexicana. **c** Falo português e espanhol. **d** Fala português? **e** Não sou alemão/alemã mas falo alemão.

2.5 a F **b** V **c** V **d** V **e** F

Documento 1: a El inglés **b** El alemán y el italiano.

2.6 a Sim, falo um pouco. **b** Não, não sou alemão / alemã, sou [espanhol/ espanhola]. **c** Sim, falo espanhol e também italiano. **d** Obrigado/obrigada, adeus.

Documento 2: español, portugués y alemán.

Autoevaluación: a De onde é, Paulo? **b** Sou [de Espanha]. **c** (O senhor Mendes) é brasileiro? **d** De onde são (os senhores)? **e** Somos [espanhóis/espanholas]. **f** A Júlia é portuguesa. **g** O João é dos Estados Unidos? **h** Fala espanhol? **i** Não, não falo alemão. **j** Sim, sou argentino / argentina.

Unidad 3

3.1 a Onde mora (vive), senhora Gomes? **b** Vivo em Espanha. **c** A Maria mora (vive) na praça da República. **d** Onde moram os senhores? **e** (O Renato) vive na Alemanha?

3.2 a A Lúcia mora na avenida... **b** Nós moramos na rua... **c** Mora no beco... **d** Eles moram na praça...

3.3 a iii **b** iv **c** i **d** ii **e** v

Documento: Pastelaria Antiqua.

3.4 a Onde (é que) trabalha, senhor Gomes? **b** Sou estudante. **c** O que (é que) faz, José? **d** Trabalho num/numa... **e** Não trabalho.

3.5 a Cinco, **b** doze, **c** treze, **d** dezoito, **e** dois, **f** dezanove.

3.6 a Universidade, **b** banco, **c** empresa, **d** aeroporto, **e** escritório, **f** escola.

Autoevaluación: b Onde moram os senhores? **c** Moro (vivo) em [Sevilha]. **d** Moro numa rua... / praça.../ avenida... **e** Moro numa casa moderna. **f** Onde (é que) trabalha? **g** O (que é) que faz? **h** Sou [professor(a)]. **i** Trabalho [numa escola].

Unidad 4

4.1 a o meu irmão **b** a nossa mãe **c** a sua filha **d** os nossos filhos **e** o teu pai.

4.2 a A Ana é a filha mais nova. **b** O Miguel é o nosso irmão mais alto. **c** Estes são os meus filhos mais velhos. **d** O António é mais baixo. **e** A Maria e a Paula são mais altas.

4.3 a Chama-se Rosa. **b** Trabalha numa escola secundária. **c** É o Roberto. **d** É muito calma. **e** Trabalha num hospital. **f** Não, é alto.

4.4 a Tem uma filha? **b** Temos dois filhos. **c** Ela tem um irmão? **d** Tenho uma irmã. **e** Têm filhos?

4.5 barulhento; calmo; desportivo; elegante; honesto; nervoso; preguiçoso; sério.

P	R	E	G	U	I	Ç	O	S	O
A	T	C	L	I	A	T	I	T	V
T	S	A	O	S	S	E	N	A	I
R	E	L	I	E	P	E	E	V	T
I	N	M	N	Q	H	C	R	I	R
T	A	O	X	L	A	M	V	C	O
N	H	U	U	S	B	L	O	O	P
E	M	R	O	I	R	E	S	A	S
R	A	R	T	A	S	T	O	L	E
B	E	L	E	G	A	N	T	E	D

Documento: una persona trabajadora de 25 años como máximo, que no sea estudiante.

4.6 Quantos anos tem a sua filha? Ela tem onze anos.

Autoevaluación: a Este é o meu marido./Esta é a minha mulher. **b** Aquele é o meu irmão./Aquela é a minha irmã. **c** Este é o nosso filho./Esta é a nossa filha. **d** Aquela é a minha irmã mais nova. **e** O meu marido é [sério...]./A minha mulher é [honesta...]./O meu professor é [calmo...]. **f** Sou [encantador...]. **g** Quantos anos tem? **h** Tenho [x] anos.

Unidad 5

5.1 a Os senhores gostam de frango? **b** Não gostas de caldo verde? **c** Não, não gosto. **d** Gostamos muito (imenso) de sardinhas. **e** Paula gosta um pouco de arroz de marisco. **f** Gostam imenso da comida portuguesa.

5.2 a -a **b** -o **c** -amos **d** -as **e** -am.

5.3 a iii **b** i **c** v **d** ii **e** iv.

Documento 1: arroz con marisco (**arroz de marisco**).

5.4 a Sim, gosta. **b** Porque é um país muito limpo. **c** Porque tem um clima agradável. **d** Não, não gostam muito. **e** A mulher do Nuno prefere Espanha. **f** Porque preferem o barulho.

Documento 2: unas vacaciones diferentes.

5.5 a Prefiro França porque é um país histórico. **b** O senhor Antunes prefere a Suíça ou Espanha?/Que prefere, senhor Antunes, a Suíça ou Espanha? **c** A Sónia prefere a Itália porque é interessante. **d** Qual preferem (os senhores), os Estados Unidos, ou o Japão? **e** Preferimos a Holanda porque é bonita.

5.6 a velho **b** movimentado **c** caro **d** sujo **e** calmo **f** limpo.

Autoevaluación: a Gosta de frango? **b** Gosto um pouco de sardinhas. **c** O

Miguel gosta imenso da comida portuguesa. **d** O Senhor não gosta do caldo verde? **e** Prefiro Portugal porque é interessante. **f** Qual preferem, a Itália ou o Japão? **g** Preferimos a comida espanhola.

Unidad 6

6.1 a El de Ana Maria **b** El de Roberto.

6.2 típica / três / pequenos / grande / terraço / há / casa de banho / baixo / cozinha / de / sala de jantar.

6.3 [*Respuesta tipo*]: A minha casa é uma casa moderna. Fica num bairro moderno. A casa tem dois quartos no andar de cima, e uma cozinha e uma sala de estar no andar de baixo. Gosto da minha casa.

6.4 a O sofá está em frente da lareira. **b** Há um vaso de flores. **c** O gato está debaixo da mesa. **d** Sim, há. **e** Há um quadro bonito e um armário. **f** Não, há um chuveiro.

6.5 a F **b** F **c** F **d** V **e** F **f** V.

6.6 a O gato está em cima do frigorífico. **b** Há um armário ao lado da estante. **c** Há um sofá detrás da mesa? **d** O chuveiro não é na cozinha. **e** O fogão está ao lado da máquina de lavar. **f** O gato está em frente da poltrona?

Documento: a Tres. **b** Sí.

Autoevaluación: a [Tenho um apartamento moderno.] **b** [A minha casa tem... uma cozinha...] **c** Como é a sua casa? **d** Tenho uma cozinha pequena/casa de banho grande. **e** Há dois / três / quatro / cinco quartos. **f** Não há uma sala de estar/sala de jantar. **g** [O sofá está ao lado da mesa.] **h** [O frigorífico está na cozinha.] **i** O que há no quarto?

Unidad 7

Antes de empezar: A. quince, seis, diecinueve, tres, diecisiete, cuatro, dieciséis, cinco, catorce, siete. **B.** doze, seis, dezoito, dois, quinze, dez.

7.1 a levanta-se **b** 9 horas **c** janta / sete / um quarto **d** aula de japonês **e** à uma.

7.2 a iii **b** vi **c** iv **d** i **e** v **f** ii.

7.3 a iii **b** i **c** iv **d** ii **e** v.

7.4 [*Respuestas tipo*] **a** Levanto-me às sete horas. **b** Almoço ao meio-dia. **c** Chego em casa às cinco e meia. **d** Deito-me às dez e um quarto.

Documento: el miércoles por la mañana (**4.ª feira de manhã**).

7.5 a Levanto-me cedo. **b** (Ele) não se deita tarde. **c** A que horas se vestem? **d** Não nos vestimos rapidamente. **e** Como se chamam? **f** A que horas te levantas?

7.6 a compreende **b** parte **c** comemos **d** vivem **e** abres **f** bebe.

Autoevaluación: b A que horas se levanta? **d** Não nos deitamos antes das dez e meia. **e** A que horas almoça aos domingos (Paulo)? **f** Não como muito às terças. **g** A que hora vai à igreja Jorge? **h** Que horas são?

Unidad 8

8.1 a Maria, o que gosta de fazer nos tempos livres? **b** Gosto de costurar **c** Os senhores gostam de viajar? **d** Gostam de praticar desporto? **e** [Não gosto de dançar] **f** Gostas de nadar nos tempos livres?

8.2 a Sim, claro. **b** Não, não somos portugueses, somos espanhóis. Somos de [Madrid]. **c** Sim falo um pouco de português. **d** Gosto de ir ao teatro. **e** O meu marido / a minha mulher gosta de trabalhar no jardim e os meus filhos gostam de praticar desporto. **f** Sim, claro!

Documento 1: Sí.

8.3 livros / Leio / dias / vejo / ouve / joga / nunca / lê / gosta / vão / todas / vez / quando / fazem.

8.4 a iii **b** vi **c** iv **d** i **e** v **f** ii.

8.5 a cada dia **b** uma vez por mês **c** de vez em quando **d** muitas vezes **e** nunca **f** às vezes **g** todos os dias.

Documento 2: Todos los días.

Autoevaluación: a O que gosta de fazer nos tempos livres? **b** [Gosto de dançar.] **c** Claro que pode. **d** O meu marido/a minha mulher gosta de... **e** Vejo televisão [todos os dias.] **f** Ouvem muitas vezes música? **g** Vou à cidade para fazer compras.

Unidad 9

Leitura: 1 Na ilha do Paraíso. **2** Passear. **3**. No mar e nas três piscinas. **4**. Há quadras de ténis, piscinas, campo de golfe e desportos aquáticos. **5**. A oportunidade de relaxar num ambiente natural e especial.

9.1 a Vou muitas vezes para a Itália na primavera*. **b** Gosto da cultura italiana. **c** O nosso filho sempre vem connosco, mas a nossa filha prefere viajar com o namorado. **d** Em geral ficamos em casa, mas eu e a minha família queremos visitar Paris no outono*.

9.2 a conheço **b** conhece **c** conhecem **d** conhecem **e** conhecemos.

9.3 [*Respuestas tipo*] **a** Eu vou tirar férias em Abril. **b** Tu vais viajar pela Suíça no ano que vem. **c** Você vai visitar o meu amigo amanhã. **d** Nós vamos trabalhar no jardim no sábado. **e** Os senhores vão nadar no mar em julho*. **f** Eles vão jogar golfe na sexta-feira.

9.4

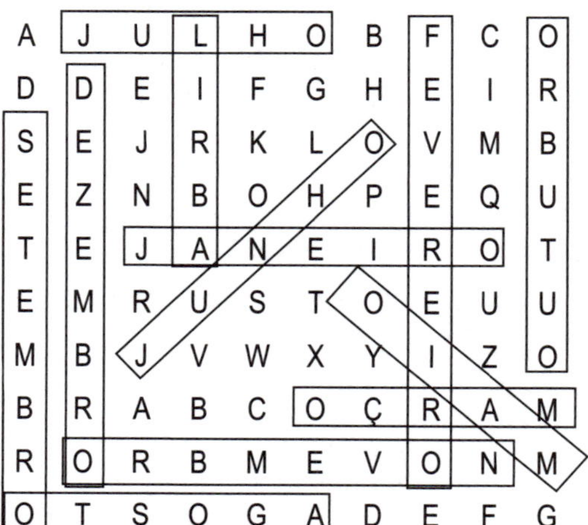

9.5 a Gostaria de visitar a Alemanha. **b** O Paulo não gostaria de trabalhar às segundas--feiras. **c** Gostariam de almoçar connosco? **d** O meu marido/a minha mulher gostaria de provar a comida brasileira. **e** Gostaríamos de viajar pelos Estados Unidos.

Documento: julio, agosto y primeros de septiembre.

9.6 a V **b** F **c** F **d** V **e** V.

Autoevaluación: a Onde vão passar as férias este ano? **b** Quero conhecer a Grécia. **c** A minha família sempre passa as férias em Portugal. **d** Sabe nadar? **e** No ano que vem vou passar as férias [na Itália]. **f** Quer vir também?

Unidad 10

10.1 geral / de / volto / dias / barato / rápido / fins / fora / vou / gosto / bicicleta / férias / barco/ avião.

10.2 ochocientos sesenta y dos; mil doscientos cuarenta y uno; trescientos cuarenta y nueve; dos mil setecientos sesenta y seis; doscientos noventa y nueve; setecientos cincuenta y ocho; cinco mil quinientos doce; diez mil ciento cincuenta; seiscientos ochenta y tres; tres mil trescientos setenta y uno.

Documento: 214323747/214329624.

Leitura: 1 Uma bicicleta. **2** É bonita. **3** Passear no campo, chegar mais rapidamente ao trabalho e melhorar a saúde. **4** Custa 20 euros. **5** É barata.

10.3 a Vou para o trabalho no carro do meu amigo/da minha amiga. **b** O Paulo vai para o hospital de autocarro. **c** A Ana viaja no comboio das duas e meia. **d** O senhor e a senhora Costa vão de férias de barco. **e** Vamos ao cinema no autocarro das sete e um quarto. **f** Viajas de avião?

10.4 a compre **b** comam **c** partam **d** viaje **e** falem **f** beba.

Autoevaluación: a Como se chama/te chamas? **b** Muito prazer. **c** Sou [espanhola], sou de [Zaragoza]. **d** O meu marido/a minha mulher fala português. **e** Onde (é que) moram? **f** Trabalho [numa universidade]; sou [professora]. **g** Tenho [30] anos. **h** [O meu pai é alto e honesto.] **i** Gosta/gostas de café? **j** Prefiro Espanha. **k** A minha casa é [um apartamento antigo]. **l** O sofá/a mesa/o armário está ao lado de ... **m** Que horas são? **n** [Levanto-me às sete horas e vou para o trabalho, volto para casa às cinco e meia, janto às sete e deito-me às onze]. **o** Gostam de viajar? **p** Nos tempos livres gosto de [ler]. **q** Onde passa/passas as férias? **r** Eu e a minha família gostaríamos de visitar a Portugal. **s** Como vai/vais para o trabalho? **t** *¡Tómese su tiempo!*

Unidad 11

11.1 a Há autocarros para Lisboa? **b** A paragem é ali à esquerda. **c** A praça de táxis é ali à direita. **d** A que horas parte o comboio para Faro? **e** Às seis e quinze da tarde. **f** A que horas chega o barco? **g** Há um aeroporto aqui perto? **h** A rodoviária é ali mesmo em frente. **i** Para o porto, se faz favor.

11.2 a Boa tarde, queria dois bilhetes para Loulé, se faz favor. **b** De ida e volta, se faz favor. **c** Primeira. Qual é a linha para Loulé? **d** A que horas parte o comboio? **e** A que horas chega? **f** Obrigado/a.

Documento: a De ida. **b** De segunda.

11.3 a É sim. É um centro turístico. **b** Há um castelo interessante e uma catedral gótica. **c** Pratos de peixe e marisco, cataplanas, sardinhas assadas e doces de amêndoa e figo. **d** Na Quinta do Lago. **e** Não, não produz. **f** É uma típica cidade de pescadores.

11.4 a Vire à esquerda, siga em frente e o banco fica à esquerda na esquina. **b** Vire aqui à esquerda e depois à esquerda. Tome a terceira rua à esquerda e siga em frente. O mercado fica à direita. **c** Vá em frente e vire à direita. Tome a primeira rua à direita e siga até à estação que fica em frente. **d** Vire à esquerda e depois à direita. Siga em frente, pela praça Dom João até à Rua 5 de Outubro. Depois, vire à esquerda e vá em frente. O centro de turismo é ali à direita.

11.5 a mercado **b** estação **c** centro de turismo.

Unidad 12

12.1 i b **ii** d **iii** a **iv** c **v** e.

Los carteles: a Para niños **b** Prohibido fumar **c** Prohibido aparcar **d** Abierto de 10h a 12h **e** Peligro **f** Salida de emergencia **g** Prohibida la entrada **h** Cerrado.

Documento: a Aparcar entre las 13h y las 15h. **b** Porque es una salida de emergencia.

12.2 1 suíços **2** passaporte **3** morada **4** selos **5** trocar **6** assinar **7** cartas **8** caixa

Unidad 13

Sopa de letras: banana; carapau; espadarte; javali; laranja; lulas; melancia; pera*; pimento; repolho.

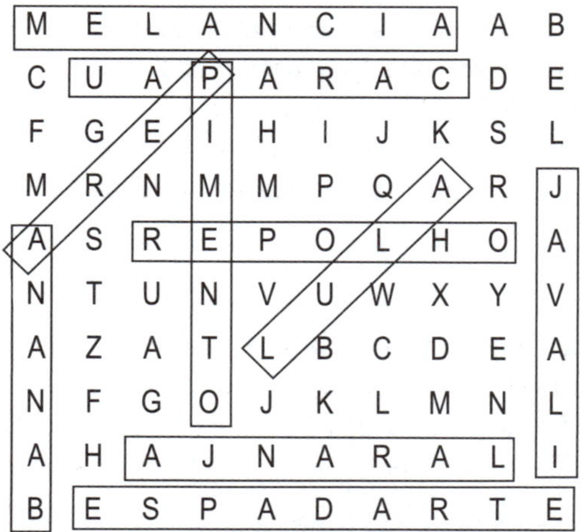

13.1 a cenouras **b** porco **c** presunto **d** bolachas **e** fósforos **f** água **g** pasta de dentes **h** ovos.

Documento: Sí.

13.2 a Em vários lugares: feiras, centros comerciais, casas de moda. **b** Sim. **c** Não. **d** Uma blusa. **e** Azul. **f** Preto. **g** De salto alto. **h** Sim, gosta.

13.3 a Bom dia. Queria um litro de leite e um pão de forma. **b** Não faz mal. Levo um. Tem presunto? **c** Então pode cortar-me seis fatias, se faz favor? **d** Quero também uma lata de azeitonas e uma barra de sabão. **e** É tudo, obrigado/a. Quanto é?

Unidad 14

14.1 a O Paulo: uma bica, uma sandes de fiambre e um pastel de nata. **b** O Nuno: um galão, uma sandes de queijo, um pastel de bacalhau e um pastel de nata. **c** A Ana: um café, uma sandes de fiambre e dois pastéis de bacalhau. **d** A Maria: um pingado, uma sandes de fiambre e dois pastéis de nata. **e** O Miguel: um café, um pastel de bacalhau e um pastel de nata.

14.2 a Frango **b** Exótica **c** Mexicale **d** Quatro estações **e** Neptuno.

14.3 a Todos los días. **b** De 11h30 a 24h (y de 11h30 a 02h00 el viernes, el sábado y las vísperas de festivo). **c** Sí, para los estudiantes, los lunes. **d** O que vais escolher? **e** Acho que quero uma pizza de frango. **f** Tens muita fome! **g** Não bebes nada? **h** Vou pedir uma laranjada. **i** Queres um refrigerante? **j** Quero uma dose de batatas fritas.

Documento: Vino y agua.

14.4 a Boa noite, tem sopa? **b** Queria um caldo verde. **c** Queria meia dose do bacalhau. Vem com salada? **d** Está bem. **e** Pode ser o pudim flan. **f** Pode ser meia garrafa de vinho branco e, depois, uma bica.

14.5 A) 10, 13 B) 1, 16 C) 2, 15, 18 D) 7, 9, 12, 19 E) 4, 8, 11, 17, 20 F) 3, 5, 6, 14

Unidad 15

15.1 a Dói-me a garganta./Tenho dor de garganta. **b** A minha filha cortou o dedo. **c** Doem-me os ouvidos./Tenho dor de ouvidos. **d** O meu marido apanhou uma insolação. **e** Creio que o meu filho vai vomitar. **f** Bati com o dedo do pé. **g** A minha amiga magoou a perna.

15.2 [ejemplo de formulario rellenado]

Pedro Manzano Peral
56
10/03/60
Salamanca, España
c/ de las Cerezas, 15
28018 Madrid, España
0034 913 529 803
15641743D
10600123028850000005
Sra. Isabel Peral,
Avda. Libertad, 4
37003 Salamanca, España

Documento: Para la garganta.

Leitura: 1 Le 21 7950 680. **2** Para las llamadas que no son urgentes. **3** Los servicios de urgencias. **4** El 232 424 124. **5** En caso de incendio.

Unidad 16

16.1 a conhece **b** sabemos **c** conhecer **d** conhecem **e** sabe.

16.2 a Este é o caminho certo para Lisboa? **b** Vai demorar muito? **c** O meu carro está avariado. **d** Preciso de um reboque. **e** Quero oito litros de gasolina sem chumbo. **f** Aceita cartão de crédito? **g** Pode encher o depósito.

16.3 a É, sim. **b** Devem ter uma caixa de primeiros-socorros e um triângulo vermelho. **c** Não (se é mais do limite). **d** Deve-se observar um limite de velocidade de 90 Km/h e expor um autocolante no vidro traseiro do carro. **e** É 120 Km/h.

16.4 avariado; depósito; estrada; gasolina; óleo; pneu; reboque; travões.

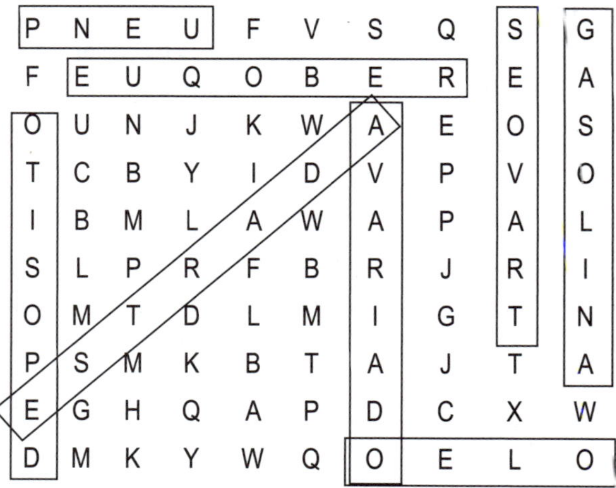

Unidad 17

17.1 a Tem quartos vagos? **b** Somos três. **c** Queria reservar um quarto individual. **d** É a/da Pensão Sol? **e** Qual é o preço com pequeno-almoço?

Documento: a Para dos personas. **b** Era gratis.

17.2 i b **ii** d **iii** a **iv** c **v** e.

Leitura: 1 32. **2** Un servicio personalizado. **3** Lo mejor de la cocina regional. **4** La posibilidad de descubrir la forma de vivir en las ciudades y los pueblos portugueses./El sentido del arte y el placer de viajar. **5** En lugares de rara belleza.

17.3 a Tem quartos vagos para hoje? **b** Somos três. **c** Vamos ficar duas noites. **d** Queria um quarto de casal e um quarto individual. **e** Sim, se faz favor; qual é o preço?

Unidad 18

18.1 a Sim, tem. **b** Não, não tem. **c** Do lago. **d** A chuva pinga em cima das tendas. **e** No fundo do parque. **f** Vão ficar oito dias. **g** Vende tudo: mercearia, jornais, garrafas de gás, coberturas impermeáveis. **h** Às sete e meia da manhã.

Documento: i autocarro **ii** tenda pequena **iii** caravana **iv** auto-caravana **v** tenda grande **vi** automóvel.

18.2 a F **b** V **c** F **d** V **e** F **f** V.

Leitura: 1 F **2** V **3** V **4** F **5** V **6** F.

18.3 i d **ii** f **iii** a **iv** c **v** e **vi** b.

18.4 a Vai fazer/estar calor. **b** Vai fazer/estar sol. **c** Faz/está frio. **d** Vai chover. **e** Há/está vento. **f** Está a nevar. / Há neve.

Unidad 19

19.1 a **i** O Paulo foi ao parque. **ii** Tu viste o filme. **iii** Eu e a Maria visitámos a cidade. **iv** Vocês fizeram muitas coisas interessantes. **v** Eu trabalhei ontem.

b i Vamos ao parque hoje? **ii** Quero jogar futebol. **iii** O que fizeste ontem? **iv** Fui à praia. **v** Gostou do parque, Juan?

Leitura: La madre: actividad 2; el padre: 6; el hermano: 4; las hermanas: 5; los abuelos: 7.

19.2 a A semana passada eu e a minha irmã visitámos Lisboa. **b** Fomos a um palácio e vimos muitas coisas interessantes. **c** Não, comemos num café na praça. **d** Sim, gostámos muito.

1 **a** Bom dia, como está? **b** Como te chamas? **c** Chamo-me [Juana]. **d** [Estou bem.] **e** Adeus, até logo.

2 **a** brasileño **b** español **c** belga **d** alemán **e** francés.

3 **a** moro **b** trabalhamos **c** pinta **d** falam **e** anda **f** estudam.

4 **a** el padre **b** la hija **c** el hermano **d** la mujer **e** los hijos **f** la madre.

5 **a** limpo **b** movimentado **c** calmo **d** histórico **e** interessante.

6 [cozinha, sala de estar, sala de jantar, casa de banho, quarto, terraço etc.] *Remítase a la unidad 6 para ver más vocabulario.*

7 **a** meio-dia **b** duas e dez **c** seis e meia **d** nove menos um quarto *o* menos quinze **e** quatro horas (da tarde) **f** oito menos cinco (da manhã).

8 **a** [Gosto de nadar.] **b** Vou ao supermercado [todos os sábados]. **c** Gosta de escutar música? **d** [O meu marido gosta de andar de bicicleta.]

9 *Remítase a la unidad 9 para ver los nombres de los meses.*

10 **a** de carro **b** queria **c** mais de vinte euros **d** duzentos **e** vende-se **f** no avião das nove e meia **g** come! *ou* coma! *ou* comam!

11 **a** Há uma estação de comboios *ou* de caminhos-de-ferro aqui? **b** A que horas sai o comboio para Faro? **c** Tem uma lista de hotéis? **d** Sabe onde fica o museu? **e** Fica/É à esquerda. **f** Tome a primeira à direita.

12 **a** Servicios **b** Cerrado **c** Entrada **d** Abierto **e** Prohibido fumar **f** Salida de emergencia.

13 *Remítase a la unidad 13 para comprobar sus respuestas.*

14 Pan y mantequilla, una sopa de verduras, sardinas asadas, ensalada y patatas fritas, flan y vino tinto.

15 **a** cabeça **b** braço **c** perna **d** boca **e** mão.

16 Achar.

17 **a** Tem quartos vagos? **b** Para duas pessoas. **c** Queria reservar um quarto. **d** Tenho um quarto reservado. **e** O ar condicionado não está a funcionar/não funciona.

18 **a** viento **b** sol **c** frío **d** lluvia **e** nieve.

19 **a** Falei. **b** Fizeste. **c** Partiu. **d** Comemos. **e** Viram.

a *la*; *a*

abaixo *abajo*; mais abaixo *más abajo*

aberto/a *abierto(a)*

aborrecido/a *aburrido(a)*

abril (m) *abril*

Abril → abril

abrir *abrir*

acabar *acabar*; *terminar*; acabar com *acabar con*; acabar-se *acabarse*; acabou-se! *¡se acabó!*

aceitar *aceptar*

achar *pensar*; *encontrar*; *creer*

acidente (m) *accidente*

acolhimento (m) *recibimiento*

acompanhado/a *acompañado(a)*

aconselhável *aconsejable*

acontecer *ocurrir*; *pasar*; como aconteceu? *¿cómo ocurrió?*

açorda (f) *migas*; açorda de marisco *migas con marisco*

acreditar *creer*

adeus! *¡adiós!*

admissão (f) *admisión*

adulto/a *adulto*

advogado/a *abogado(a)*

aeródromo (m) *aeródromo*

aeroporto (m) *aeropuerto*

agora *ahora*

agosto (m) *agosto*

Agosto → agosto

agradável *agradable*

agrião (m) *berro*

água (f) *agua*

ajuda (f) *ayuda*

ajudar *ayudar*

albergue (m) *albergue*

aldeia (f) *pueblo*

alegria (f) *alegría*

além de *además de*

alface (f) *lechuga*

alguém *alguien*

algum(a) *alguno(a)*; algumas coisas *algunas cosas*

alho (m) *ajo*

alho-porro; alho francês (m) *puerro*

alívio (m) *alivio*

almoçar *comer*

almoço (m) *comida, almuerzo*

alojamento (m) *alojamiento*

alto/a *alto(a)*

amanhã *mañana*

amarelo/a *amarillo(a)*

ambiente (m) *ambiente*

ambulância (f) *ambulancia*

ameixa (f) *ciruela*

amigo/a *amigo(a)*

ananás (m) *piña*

anchovas (fpl) *anchoa*

andar *andar*

andar (m) *piso*; *planta*; o andar de baixo *la planta baja*; o andar de cima *el piso de arriba*

ano (m) *año*; quantos anos tens? *¿cuánto años tienes?*; no ano que vem *el año que viene*; para o ano *el año que viene*

anteontem *anteayer*; *antes de ayer*

antes (de) *antes (de)*

antigo/a *antiguo(a)*

apanhar *coger*; apanhar o autocarro/comboio *coger el autobús/el tren*; apanhar sol *tomar el sol*; apanhar uma insolação *coger una insolación*

apartamento (m) *piso* (*vivienda*)

aperitivo (m) *aperitivo*

aquecido/a *caliente*

aquecimento (m) *calefacción*

aquele/a *aquel/aquella*

aqui *aquí*

ar (m) *aire*; ar condicionado *aire acondicionado*

árabe *árabe*

arder *arder*

areal (m) *arenal*; *playa*

areia (f) *arena*

Argentina (f) *Argentina*

argentino/a *argentino(a)*

armário (m) *armario*

arredores (mpl) *alrededores*; nos arredores *en los alrededores*

arroz (m) *arroz*; arroz de marisco *arroz con marisco*

arte (f) *arte*

artístico/a *artístico*

árvore (f) *árbol*

asa (f) *ala*

aspirina (f) *aspirina®*

assim *así*

assinar *firmar*

assoalhada (f) *habitación* (*en una casa*)

até *hasta*; até já *hasta ahora*; até logo *hasta luego*; até amanhã *hasta mañana*; até breve *hasta pronto*; até à próxima *hasta la próxima*

atração (f) *atracción*

atracção → atração

atrasado/a *atrasado(a)*

atrelado (m) *remolque*

atum (m) *atún*

aula (f) *aula*; *clase*

Austrália (f) *Australia*

australiano/a *australiano(a)*

autocaravana (f) *autocaravana*

autocarro (m) *autobús*; *autocar*

autocolante (m) *pegatina*

autoestrada (f) *autopista*

auto-estrada → autoestrada

automóvel (m) *automóvil*

avaria (f) *avería*

avariado/a *averiado(a)*

aveludado/a (*vino*) *aterciopelado(a)*

avenida (f) *avenida*

aventura (f) *aventura*

avião (m) *avión*

azeite (m) *aceite*

azeitona (f) *aceituna*

azul *azul*; azul-claro *azul claro*; azul-escuro *azul oscuro*

bacalhau (m) *bacalao*

bairro (m) *barrio*

baixo/a *bajo(a)*; em baixo *debajo*; *abajo*

banana (f) *plátano*

bancário/a *empleado(a) de banco*

banco (m) *banco*; banco traseiro *asiento trasero*

banho (m) *baño*; tomar banho *darse un baño*

barato/a *barato(a)*

barco (m) *barco*

barra de sabão (f) *pastilla de jabón*

barulhento/a *ruidoso(a)*

barulho (m) *ruido*

bastante *bastante*

batata (f) *patatas*; batatas fritas *patatas fritas*

bater com *golpearse con*

beber *beber*

bebida (f) *bebida*

beco (m) *callejón*

beleza (f) *belleza*

belga (mf) *belga*

Bélgica (f) *Bélgica*

bem *bien*

berbigão (m) *berberecho*

biblioteca (f) *biblioteca*

bica (f) *café solo*; bica cheia/curta *café largo/corto*

bicicleta (f) *bicicleta*

bife (m) *bistec*

bilhete (m) (*entrada*) *billete*

blusa (f) *blusa*

boa *buena*; *bien*; boa! *¡fenómeno!*

boca (f) *boca*

bolacha (f) *galleta*

boleia: pedir/dar boleia (a alguém) *pedir a alguien que te lleve en coche*; *llevar a alguien en coche*

bolo (m) *pastel*

bom *bueno*; *bien*

bombas de gasolina (fpl) *gasolinera*

bombeiros (mpl) *bomberos*

boneca (f) *muñeca*

bonito/a *bonito(a)*

borboleta (f) *mariposa*

borrego (m) *cordero*

bota (f) *bota*

braço (m) *brazo*

branco/a *blanco(a)*

Brasil (m) *Brasil*

brasileiro/a *brasileño(a)*

brigada de trânsito (f) *policía de tráfico*

buraco (m) *agujero*

cá *aquí*

cabeça (f) *cabeza*

cabedal (m) *cuero*

cabine (f) *cabina*; cabine de provas *probador*; cabine telefónica *cabina telefónica*

cabrito (m) *cabrito*

cada *cada*; cada mês/semana *cada mes/semana*

café (m) *café*

caixa (f) *caja*; caixa de primeiros-socorros *botiquín de primeros auxilios*

calçado (m) (*industria*) *calzado*

calçar *calzar*

calças (fpl) *pantalones*

caldo verde (m) *sopa de col*

calhar: se calhar *quizá*; *puede (que)*

calmo/a *tranquilo(a)*

calor (m) *calor*; faz/está calor *hace calor*

cama (f) *cama*; cama de casal *cama de matrimonio*; cama individual/de solteiro *cama individual*

camarão (m) *camarón*

camião (m) *camión*

caminho (m) *camino*

camioneta (f) *autocar*

camisa (f) *camisa*

campo (m) *campo*; campo de golfe *campo de golf*; campo de ténis *pista de tenis*

Canadá (m) *Canadá*

canadiano/a *canadiense*

caneca (f) *jarra* (*de cerveza*)

capô (m) *capó*

caracóis (mpl) *caracoles*

carapau (m) *verdel*

caravana (f) *caravana*

carioca (m) *café muy largo*

carne (f) *carne*; carne de porco *carne de cerdo*; carne de vaca *carne de buey*; carne de vitela/novilho *carne de ternera*; carne picada *carne picada*

caro/a *caro(a)*

carro (m) *coche*

carta (f) *carta*

cartão (m) *tarjeta*; cartão de crédito *tarjeta de crédito*; cartão telefónico *tarjeta telefónica*

carteira (f) *cartera*; *bolso*

casa (f) *casa*; casa de moda *tienda de ropa, boutique*

casaco (m) *chaqueta*

casa de banho (f) *cuarto de baño*; as casas de banho públicas *los servicios públicos*

casal (m) *pareja*

caso: em caso de *en caso de*

castelo (m) *castillo*

cataplana (f) *plato a base de marisco*

catedral (f) *catedral*

causa: por causa de *a causa de*

cavala (f) *caballa*

cavalo (m) *caballo*; a cavalo *a caballo*

cave (f) *bodega*; *bajos*

cebola (f) *cebolla*

cedo *temprano*

cenoura (f) *zanahoria*

centro (m) *centro*; centro desportivo *polideportivo*; o centro de turismo *oficina de turismo* centro de saúde *centro de salud*; centro comercial *centro comercial*; centro turístico *centro turístico*

cereja (f) *cereza*

certo/a *correcto(a)*

cerveja (f) *cerveza*

cervejaria (f) *cervecería*

céu (m) *cielo*

chamada (f) *llamada*; fazer uma chamada *hacer una llamada*

chamar-se *llamarse*

charmoso/a *encantador(a)*

chave (f) *llave*

chefe/a *jefe(a)*

chegar *llegar*

cheio/a (de) *lleno(a) (de)*

cheque de viagem (m) *cheque de viaje*

Chile (m) *Chile*

chileno/a *chileno(a)*

chover *llover*

chuva (f) *lluvia*

chuveiro (m) *ducha*

cidade (f) *ciudad*

cima: em cima *encima*; em cima de *encima de*

cimbalino (m) *café solo (exprés)*

cinema (m) *cine*

cinto (m) *cinturón*; cinto de segurança *cinturón de seguridad*

circulação (f) *circulación*

claro/a *claro(a)*; claro! *¡claro!*

clima (m) *clima*

cobertura (f) *cubierta*

codorniz (f) *codorniz*

coelho (m) *conejo*

coentros (mpl) *cilantro*

cogumelo (m) *seta*

coisa (f) *cosa*

coleção (f) *colección*

colecção → coleção

com *con*

comboio (m) *tren*

começar *comenzar, empezar*

comer *comer*

comida (f) *comida*

comigo *conmigo*

como *como*; *cómo*; como está? *¿cómo está (usted)?*

completamente *completamente*

comprar *comprar*

compras (fpl) *compras*; ir às compras *ir a la compra*; fazer compras *ir de compras*

comprimido (m) *comprimido*

comunicar *comunicar*

conduzir *conducir*

conhecer *conocer*

conjunto (m) (*ropa*) *conjunto*

connosco *con nosotros*

conseguir *conseguir, obtener*

conservar *conservar*

consigo *con usted* (sing.); *con él/ella*

constipado/a *constipado(a)*

conta (f) *cuenta*

contigo *contigo*

contra *contra*

contribuinte (m) *contribuyente*

controlador(a) de tráfego aéreo *controlador(a) aéreo(a)*

cor (f) *color*

cordeiro (m) *cordero*

corpo (m) *cuerpo*

correio: os correios (mpl) *correos*

cortar *cortar*; cortar-se *cortarse*

corte (m) *corte*; corte de electricidade/luz *corte de electricidad/luz*

costas (fpl) *espalda*

costeleta (f) *chuleta*

costurar *coser*

coxa (f) *muslo*

cozinha (f) *cocina*

creme (m) *crema*

crer *creer*

criança (f) *niño*

cuidado (m) *cuidado*

cultura (f) *cultura*

cultural *cultural*

custar *costar*

dançar *bailar*

data (f) *fecha*; data de nascimento *fecha de nacimiento*

de *de*; de 6 em 6 horas *cada 6 horas*

debaixo *debajo*; debaixo de *debajo de*

dedo (m) *dedo*

deitar-se *estirarse*; *acostarse*

deixar *dejar*; deixar de *dejar de*

dele/a *su*; *el suyo/la suya*; os pais dele/a *sus padres*

delicioso/a *delicioso(a)*

demorar *tardar*

dente (m) *diente*

dentista (mf) *dentista*

dentro *dentro*; dentro de *dentro de*

depois *después, luego*

depósito (m) *depósito*

desagradável *desagradable*

desculpar *disculpar*; desculpe! *¡disculpe!*

desde *desde*

desempregado/a *desempleado(a), parado(a)*

desmaiar *desmayarse*

desportivo/a *deportivo(a)*; *deportista*

desporto (m) *deporte*

destaque (m) *mención*

detrás (de) *detrás (de)*

devagar *despacio*

dever *deber*

dezembro (m) *diciembre*

Dezembro → dezembro

dia (m) *día*; bom dia! *¡buenos días!*

dieta (f) *dieta*; *régimen*

difícil *difícil*

dinheiro (m) *dinero*

direita (f) *derecha*; à direita *a la derecha*

discoteca (f) *discoteca*

disponibilidade (f) *disponibilidad*

dizer *decir*

doce (m) *dulce*

doença (f) *enfermedad, dolencia*

doente *enfermo*

doer *doler*

domingo (m) *domingo*

dona de casa (f) *ama de casa*

dor (f) *dolor*; dor de cabeça *dolor de cabeza*; ter dor de garganta/dentes *tener dolor de garganta/de muelas*

dormir *dormir*

dose (f) *ración*

durante *durante*

dúzia (f) *docena*; meia dúzia *media docena*

e *y*

ele/a *él/ella*; para eles/elas *para ellos/ellas*; para ele próprio *para él mismo*

electricidade → eletricidade

elegante *elegante*

eletricidade (f) *electricidad*

elevador (m) *ascensor*

em *en*

ementa (f) *menú*; ementa turística *menú turístico*

emergência (f) *urgencia, emergencia*

empresa (f) *empresa*

encantador(a) *encantador(a)*

encerrar *cerrar*

encher *llenar*

encontrar *encontrar*

enfermeiro/a *enfermero(a)*

então *entonces*

entender *entender*

entrada (f) *entrada*; entrada proibida *prohibida la entrada*

entre *entre*

entrecosto (m) *entrecot*

entrevistador(a) *entrevistador, encuestador*

enxaqueca (f) *jaqueca, migraña*

ervilhas (fpl) *guisantes*

escalope (m) *escalopa*

escola (f) *escuela*; escola secundária *instituto*

escolher *escoger*

escrever *escribir*

escritor/a *escritor(a)*

escritório (m) *oficina*

espadarte (m) *pez espada*

Espanha (f) *España*

espanhol(a) *español(a)*

especialidade (f) *especialidad*; especialidade da casa *especialidad de la casa*

esperar *esperar*

espesso/a *espeso(a)*

esquadra (f) *comisaría*

esquecer(-se) *olvidar(se)*

esquerda (f) *izquierda*; à esquerda *a la izquierda*

esquina (f) *esquina*

estação (f) *estación*; estação dos caminhos--de-ferro/de comboios *estación de ferrocarril/de tren*

estacionado/a *estacionado(a), aparcado(a)*

estacionamento (m) *aparcamiento*

estacionar *aparcar, estacionar*

Estados Unidos (mpl) *Estados Unidos*

estante (f) *estantería*

estar *estar*; está bem *está bien, de acuerdo*; está bom/boa? *¿qué tal está?*; estás bom/boa? *¿qué tal estás?*; estou bem *estoy bien*; estou ótimo/a *estoy muy bien*

este/a *este(a)*

estilo (m) *estilo*

estômago (m) *estómago*

estrada (f) *carretera*

estrangeiro/a *extranjero(a)*

estudante (mf) *estudiante*

eu *yo*

euro (m) *euro*

exatamente *exactamente*

exactamente → exatamente

exibição (f): em exibição *en cartelera*

exótico/a *exótico(a)*

experimentar *probar*

expresso (m) *autocar directo*

extenso/a *extenso(a)*

fácil (de) *fácil (de)*; fácil de limpar *fácil de limpiar*

falar *hablar*

falésia (f) *acantilado*

faltar *faltar*

família (f) *familia*; em família *en familia*

farmacêutico/a *farmacéutico(a)*

farmácia (f) *farmacia*

farto/a: estar farto/a de *estar harto(a) de*

fatia (f) *loncha*

fato (m) *traje*

fazer *hacer*; faz favor de... *haga el favor de* não faz mal *no pasa nada, no importa*

fechado/a *cerrado(a)*

feijão (m) *judía*

feijoada (f) *estofado de cerdo y judías pintas*

feira (f) *mercado*; *feria*

feliz *feliz*

feriado (m) *(día) festivo*

férias (f) *vacaciones*; passar/tirar férias *pasar las vacaciones/coger vacaciones*

ferido/a *herido(a)*

ferir *herir*; ferir-se *herirse*

fevereiro (m) *febrero*

Fevereiro → fevereiro

fiambre (m) *jamón de York*

ficar *quedar(se)*; *encontrarse*; *permanecer*; ficar com *quedarse con*

ficha (f) *formulario*

fígado (m) *hígado*

filho/a *hijo(a)*

filme (m) *film, película*

fim (m) *fin*; no fim de *al final de*

fim de semana (m) *fin de semana*

fim-de-semana → fim de semana

fino (m) (*cerveza*) *caña*

flor (f) *flor*

floresta (f) *bosque*

fogão (m) (*electrodoméstico*) *cocina*

folheto (m) *folleto*

fome (f) *hambre*

fora *fuera*

forno (m) *horno*

forte *fuerte*

fósforos (mpl) *cerillas*

fotógrafo/a *fotógrafo(a)*

fraco/a *débil*; *suave*

França (f) *Francia*

francês/esa *francés(esa)*

frango (m) *pollo*

frasco (m) *frasco*

freguês/esa *cliente(a)*

frente (f) *frente*; ir sempre em frente *seguir recto*; em frente de/a *en frente de*

fresco/a *fresco(a)*

frigorífico (m) *frigorífico*

frio/a *frío(a)*; faz/está frio *hace frío*

fumador(a) *fumador(a)*

fumar *fumar*

funcionar *funcionar*

fundo (m) *fondo*; ao fundo *al fondo*

furo (m) *pinchazo*; *agujero*

futebol (m) *fútbol*

galão (m) *café con leche*

galeria de arte (f) *galería de arte*

garoto (m) *(café) cortado*

garrafa (f) *botella*

garrafão (m) *garrafón*

gasóleo (m) *gasoil, gasóleo*

gasolina (f) *gasolina*; gasolina super *súper*; gasolina sem chumbo *gasolina sin plomo*

gato (m) *gato*

geada (f) *escarcha*

geleia (f) *mermelada*

gelo (m) *hielo*

gente (f) *gente*; muita gente *mucha gente*

geral *general*; em geral *en general*

geralmente *generalmente*

girafa (f) (*cerveza*) *jarra de litro*

GNR (Guarda Nacional Republicana) *guardia civil*

gostar de *gustar*; gostava muito de... *me encantaría...*

gótico/a *gótico*

grama (m) *gramo*

grande *grande*

gravata (f) *corbata*

Grécia (f) *Grecia*

grego/a *griego(a)*

gripe (f) *gripe*

habitante (mf) *habitante*

haver *haber*

hipermercado (m) *hipermercado*

histórico/a *histórico(a)*

hoje *hoy*

Holanda (f) *Holanda*

holandês/esa *holandés(esa)*

homem (m) *hombre*; homem de negócios *hombre de negocios*

honesto/a *honrado, honesto*

hora (f) *hora*; meia (hora) *media hora*; *... y media*; a que horas? *¿a qué hora?*; que horas são? *¿qué hora es?*

horário (m) *horario*

horror (m) *horror*

hortaliça (f) *hortalizas, verduras*

hospital (m) *hospital*

hotel (m) *hotel*

ida (f) *ida*; (um bilhete de) ida e volta *(un) billete de ida y vuelta*

idade (f) *edad*

ideal *ideal*

identidade (f) *identidad*

igreja (f) *iglesia*

igualmente *igualmente*

ilha (f) *isla*

imediato/a *inmediato(a)*

imenso *muchísimo*

imperial (f) *caña* (*cerveza*)

incluindo *incluido(a)*

informação (f) *información*

Inglaterra (f) *Inglaterra*

inglês/esa *inglés(esa)*

insolação (f) *insolación*

inteiro/a *entero(a)*

interessante *interesante*

inverno (m) *invierno*

Inverno → inverno

ir *ir*; ir para casa *volver a casa*

irmã (f) *hermana*

irmão (m) *hermano*

isolado/a *aislado(a)*

Itália (f) *Italia*

italiana (f) *café (solo) corto*

italiano/a *italiano(a)*

IVA (Imposto sobre o Valor Acrescentado) *IVA*

já *ahora, ya*; já está! *¡ya está!*; já ali *justo allí*; já não *ya no*

janeiro (m) *enero*

Janeiro → janeiro

jantar (m) *cena*

jantar *cenar*

Japão (m) *Japón*

japonês/esa *japonés(esa)*

jardim (m) *jardín*

jardinar *cuidar el jardín*

javali (m) *jabalí*

jogar *jugar*

jornal (m) *periódico, diario*

jovem *joven*

julho (m) *julio*

Julho → julho

junho (m) *junio*

Junho → junho

lá *allí*; lá fora *allí fuera*; lá dentro *allí dentro*

lado (m) *lado*; ao lado de *al lado de*

lago (m) *lago*

lama (f) *lodo*

lamentar *lamentar*

lampreia (f) *lamprea*

laranja (f) *naranja*

laranjada (f) *naranjada*

lareira (f) *chimenea*

lata (f) *lata*

lavabos (mpl) *lavabos, servicios*

leitão (m) *lechón*

leite (m) *leche*; leite magro *leche descremada*

ler *leer*

levar *llevar*; para levar *para llevar*

licença: com licença *con permiso*

ligadura (f) *venda*

limão (m) *limón*

limite (m) *límite*; limite de velocidade *límite de velocidad*

limonada (f) *limonada*

limpa-para-brisas (m) *limpiaparabrisas*

limpa-pára-brisas → limpa-para-brisas

limpar *limpiar*

limpo/a *limpio(a)*; (*cielo*) *despejado(a)*

lindo/a *bonito(a)*

língua (f) *lengua*

linguado (m) *lenguado*

linha (f) (*en una estación*) *vía, andén*

lista (f) *lista*

litro (m) *litro*

livro (m) *libro*

loção (f) *loción*

logo *luego*

loja (f) *tienda*

longe *lejos*

lugar (m) *lugar*

lulas (fpl) *calmares*

luz (f) *luz*

maçã (f) *manzana*

maçada (f) *molestia, rollo*

madrugada (f) *alba, amanecer*

maduro/a *maduro(a)*

mãe (f) *madre*

magoar *hacer daño*; magoar-se *hacerse daño*

maio (m) *mayo*

Maio → maio

maior *mayor*

mais *más*; a mais *además*; mais? *¿algo más?*; mais de *más de*; mais ou menos *más o menos*; mais tarde *más tarde*

mal *mal*

mala (f) *bolso*; *maleta*

maneira (f) *manera*

manhã (f) *mañana*; às sete da manhã *a las siete de la mañana*

manteiga (f) *mantequilla*

mão (f) *mano*

mapa (m) *mapa*; mapa da cidade *plano de la ciudad*

máquina (f) *máquina*; máquina de lavar *lavadora*; máquina fotográfica *cámara de fotos*

mar (m) *mar*

maravilhoso/a *maravilloso(a)*

março (m) *marzo*

Março → março

marido (m) *marido, esposo*

marisco (m) *marisco*

marisqueira (f) *marisquería*

mas *pero*

mecânico/a *mecánico(a)*

médico/a *médico(a)*

meia de leite (f) *café con leche*

meia-noite (f) *medianoche*

meio (m) *medio*; meio quilo *medio kilo*

meio-dia (m) *mediodía*

mel (m) *miel*

melancia (f) *sandía*

melão (m) *melón*

melhorar *mejorar*

menos *menos*; pelo menos *por lo menos*

mercado (m) *mercado*

mercearia (f) *tienda de ultramarinos*

mesa (f) *mesa*

mesmo/a *mismo(a)*; mesmo em frente *justo en frente*

meu *mi*; *(el) mío*; os meus pais *mis padres*

México (m) *México*

mexicano/a *mexicano/a*

mexilhão (m) *mejillón*

mil *mil*

milhão (m) *millón*

milho-doce (m) *maíz*

mim *me*

minha *mi*; *(la) mía*; as minhas sandálias *mis sandalias*

minimercado (m) *supermercado*

minuto (m) *minuto*

misto/a *mixto(a)*

moderno/a *moderno(a)*

molhado/a *mojado(a)*

molho (m) *salsa*

montar *montar*

morada (f) *dirección*

moradia (f) *vivienda*

morango (m) *fresa*

morar *vivir, habitar*

mosquito (m) *mosquito*

mostarda (f) *mostaza*

moto(cicleta) (f) *moto(cicleta)*

motor (m) *motor*

movimentado/a *animado(a)*

muito/a *mucho(a)*; *muy*; muito bem *muy bien*; muitas pessoas *mucha gente*

mulher (f) *mujer*; mulher de negócios *mujer de negocios*

museu (m) *museo*

música (f) *música*

nacionalidade (f) *nacionalidad*

nada *nada*; de nada! *¡de nada!*; mais nada *nada más, esos es todo*

nadar *nadar*

namorado/a *novio(a)*

não *no*; não funciona *no funciona*

nariz (m) *nariz*

nascimento (m) *nacimiento*

nata (f) *nata*

natural (*bebida*) *natural*

nervoso/a *nervioso(a)*

nêspera (f) *níspero*

nevar *nevar*

neve (f) *nieve*

nevoeiro (m) *niebla*

noite (f) *noche*; boa noite! *¡buenas noches!*

nome (m) *nombre*

nós *nosotros*

nosso/a *nuestro(a)*; *(el) nuestro(a)*; os nossos amigos *nuestros amigos*

novembro (m) *noviembre*

Novembro → novembro

novo/a *nuevo(a)*; (*persona*) *joven*

nublado *nublado*

número (m) *número*

nunca *nunca*

nuvem (f) *nube*

o *el*; o que faz? *¿a qué se dedica?*

objeto (m) *objeto*

objecto → objeto

obrigado/a *gracias*

obrigatório/a *obligatorio(a)*

ocupação (f) *ocupación*

oferecer *ofrecer*

oficina (f) (*de coches*) *taller*

olá! *¡hola!*

óleo (m) *aceite*

olho (m) *ojo*

onde *dónde*; de onde és? *¿de dónde eres?*

ondulação (f) (*mar*) *oleaje*

ontem *ayer*; ontem à noite *ayer por la noche*

oportunidade (f) *oportunidad*

ora bem! *¡ahora bien!*

orégão (m) *orégano*

orelha (f) *oreja*

organizar *organizar*

orgulhoso/a *orgulloso(a)*

ou *o*; ou... ou... *o... o...*

outono (m) *otoño*

Outono → outono

outro/a *otro(a)*

outubro (m) *octubre*

Outubro → outubro

ouvido (m) *oído*

ouvir *oír*; *escuchar*

ovo (m) *huevo*

paciência (f) *paciencia*

pacote (m) *paquete*

padaria (f) *panadería*

padrão (m) (*tejido*) *estampado*

pagar *pagar*

pai (m) *padre*

país (m) *país*

palácio (m) *palacio*

palavra (f) *palabra*

pão (m) *pan*; pão de forma *pan de molde*; pão caseiro *pan casero*

papel (m) *papel*; papel higiénico *papel higiénico*

par (m) *par*

para *para*; para nós *para nosotros*; para o ano *el año que viene*

parabéns! *¡enhorabuena!*

para-brisas (m) *parabrisas*

pára-brisas → para-brisas

paragem (f) *parada*

paraíso (m) *paraíso*

parar *parar*

parede (f) *pared*

parque (m) *parque*; parque de campismo *camping* ; parque infantil *parque infantil*; parque de diversões *parque de atracciones*

partida (f) *salida*

partido/a *roto(a)*; *partido(a)*

partir *romper*; *partir*

passado/a *pasado(a)*; na semana passada *la semana pasada*

passaporte (m) *pasaporte*

passar *pasar*

pássaro (m) *pájaro*

passear *pasear*

pasta de dentes (f) *pasta de dientes*

pastel (m) *pastel*; pastel de bacalhau *pastel de bacalao*

pastelaria (f) *pastelería*

pastilha (f) *pastilla*; pastilhas para a garganta *pastillas para la garganta*

pato (m) *pato*

pé (m) *pie*; a pé *a pie*

pedir *pedir*

peito (f) *pecho*

peixe (m) *pescado*; *pez*

peixe-espada (m) *pez sable*

pensão (f) *pensión*

penso rápido (m) *tirita®*

pequeno/a *pequeño(a)*

pequeno-almoço (m) *desayuno*

pera (f) *pera*

pêra → pera

perceves (mpl) *percebes*

perfeitamente *perfectamente*

pergunta (f) *pregunta*; fazer uma pergunta *hacer una pregunta*

perguntar *preguntar*

perigo (m) *peligro*

perigoso/a *peligroso(a)*

perna (f) *pierna*

perto *cerca*

peru (m) *pavo*

pescada (f) *merluza*

pescador(a) *pescador(a)*

pêssego (m) *melocotón*

pessoalmente *personalmente*

petiscos (mpl) *golosinas*

picado/a *picado(a)*

pimento (m) *pimiento*

pingado (m) *cortado con una gota de leche*

pingar *gotear*

pingo (m) *cortado con una gota de leche*

pintar *pintar*

piquenique (m) *picnic*

piscina (f) *piscina*

pizzaria (f) *pizzería*

pneu (m) *neumático*

poder *poder*

pois *pues*

polícia (f) (*cuerpo*) *policía*

polícia (mf) (*persona*) *policía*

poltrona (f) *butaca*

polvo (m) *pulpo*

por *por*; por favor *por favor*; por noite *por noche*

pôr *poner*

porque *porque*

porta (f) *puerta*

porta-bagagens (m) *portaequipajes*

portanto *por tanto*

porto (m) *puerto*; (*vino*) *oporto*

português/esa *portugués(esa)*

possível *posible*

postal (m) *postal*

pouco/a *poco(a)*; poucas vezes *pocas veces*; um pouco de *un poco de*

pousada *hotel parecido a un parador español*; pousada da juventude *albergue juvenil*

povo (m) *pueblo*

praça (f) *plaza*; praça de táxis *parada de taxis*

praia (f) *playa*

praticar *practicar*; praticar desporto *practicar deporte*

prato (m) *plato*; prato do dia *plato del día*

prazer *placer*; (muito) prazer! *¡mucho gusto!*

precisar (de) *necesitar*

preço (m) *precio*

prédio (m) *edificio*

preencher *llenar*

preferido/a *preferido(a)*

preferir *preferir*

preguiçoso/a *perezoso(a)*

pressa (f) *prisa*; ter pressa *tener prisa*

presunto (m) *jamón*

preto/a *negro(a)*

primavera (f) *primavera*

Primavera → primavera

primeiros-socorros (mpl) *primeros auxilios*

privativo/a *particular*

problema (m) *problema*

produzir *producir*

professor/a *profesor(a)*

programa (m) *programa*

proibido/a *prohibido(a)*; proibido estacionar *prohibido aparcar*

próprio/a *propio(a)*

proteção (f) *protección*

protecção → proteção

provar *probar*

provavelmente *probablemente*

próximo/a *próximo(a)*

PSP (Polícia de Segurança Pública) *policía nacional*

pudim (m) *pudín*; pudim flan *flan*

puro/a *puro(a)*

quadro (m) *cuadro*

qual *cuál*

qualidade (f) *calidad*

qualquer *cualquier(a)*; qualquer coisa *cualquier cosa*

quando *cuando*

quanto/a *cuánto*; quanto é? *¿cuánto es?*; quantos/as *cuántos*

quarta(-feira) (f) *miércoles*

quarto (m) *cuarto*; *habitación*; (*medida*) *cuarto*; quarto de casal *habitación de matrimonio*; quarto duplo/individual *habitación doble/individual*; quarto de família *habitación familiar*; sete e um quarto *siete y cuarto*; um quarto (de litro) de vinho *un cuarto (de litro) de vino*

quarto (m) *asado* (*trozo de carne*)

que *qué*; que mais? *¿algo más?*; que tal? *¿qué te parece?*

queijo (m) *queso*

queimar *quemar*

quem *quién*

quente *caliente*

querer *querer*

quilo(grama) (m) *kilo(gramo)*

quinta(-feira) (f) *jueves*

quintal (m) *huerto*

quotidiano (m) *(lo) cotidiano*

rápido (m) *tren rápido, expreso*

rápido/a *rápido(a)*

realizado/a *realizado(a)*

reboque (m) *remolque*; *grúa*

receção (f) *recepción*

rececionista (mf) *recepcionista*

receita (f) *receta*

recepção → receção

recepcionista → rececionista

reclamação (f) *reclamación*

recomendar *recomendar*

refeição (f) *comida*

reformado/a *jubilado(a), retirado(a)*

refrigerante (m) *refresco*

região (f) *región*

relaxante *relajante*

remédio (m) *medicamento*

renome (m) *renombre*

repetir *repetir*

repolho (m) *col*

rés-do-chão (m) *planta baja*

reservado/a *reservado(a)*

reservar *reservar*

restaurante (m) *restaurante*

resto (m) *resto*

retrete (f) *retrete*; *servicios*

retrovisor (m) *retrovisor*

reunião (f) *reunión*

revista (f) *revista*

rochedo (m) *roca*

roda (f) *rueda*

rodoviária (f) *estación de autobuses*

rolo (m) *rollo*

romântico/a *romántico*

rosa *rosa*

rotunda (f) *rotonda*

roubo (m) *robo*

roupa (f) *ropa*

rua (f) *calle*

sábado (m) *sábado*

sabão (m) *jabón*

saber *saber*

saia (f) *falda*

saída (f) *salida*; saída de emergência *salida de emergencia*

sair *salir*

sal (m) *sal*

sala (f) *sala*; sala de estar *sala de estar*; sala de jantar *comedor*; sala de refeições *comedor*

salada (f) *ensalada*; salada de fruta *macedonia*

salsa (f) *perejil*

salto (m) *tacón*; de salto alto *de tacón alto*

sandália (f) *sandalia*

sandes (f) *bocadillo, sándwich*

sanitários (mpl) *servicios*

sapateira (f) *buey de mar*

sapato (m) *zapato*

sardinha (f) *sardina*; sardinhas assadas *sardinas asadas*

saudável *sano(a)*

saúde (f) *salud*

se *si*; se faz favor *por favor*

secretário/a *secretario(a)*

século (m) *siglo*

seguir *seguir*

segunda(-feira) (f) *lunes*

selo (m) *sello*

sem *sin*

sempre *siempre*

senhor (m) *señor*; *usted*

senhora (f) *señora*; *usted*

sentar-se *sentarse*

sentir-se *sentirse*

ser *ser*

sério/a *serio(a)*

serra (f) *montaña*

serviço (m) *servicio*

servir *sentar* (*ropa*)

setembro (m) *septiembre*

Setembro → setembro

seu *su*; *(el) suyo*; os seus amigos *sus amigos*

sexta(-feira) (f) *viernes*

si *sí mismo*; para si *para usted*

sim *sí*

simpático/a *simpático(a)*

sinal (de trânsito) (m) *señal de circulación*

sintoma (m) *síntoma*

só *solo(a)*; *solo*; não só … mas também *no solo… sino también*

sobremesa (f) *postre*

socorro (m) *socorro*

sofá (m) *sofá*

sol (m) *sol*

solitário/a *solitario*

solo (m) *suelo*

sombra (f) *sombra*

sopa (f) *sopa*; sopa de legumes *sopa de verduras*

sorte (f) *suerte*; boa sorte! *¡buena suerte!*

sossegado/a *tranquilo(a)*

sossego (m) *tranquilidad*

sozinho/a *solo(a)*

sua *su*; *(la) suya*; as suas amigas *sus amigas*

suculento/a *suculento(a)*

Suíça (f) *Suiza*

suíço/a *suizo(a)*

sujo/a *sucio(a)*

sumo (m) *zumo*

supermercado (m) *supermercado*

tal *tal*; tais como *tal como*

talvez *tal vez, quizá*; talvez haja *tal vez haya*

tamanho (m) *tamaño*

também *también*

tangerina (f) *mandarina*

tarde *tarde*

tarde (f) *tarde*; boa tarde *buenas tardes*

tarifa (f) *tarifa*

tasca (f) *bar, tasca*

táxi (m) *taxi*

tchau! *¡hola*; *¡adiós!*

teatro (m) *teatro*

telenovela (f) *telenovela, serie*

televisão (f) *televisión*

tempo (m) *tiempo*; tempos livres/de lazer *tiempo libre*

tenda (f) *tienda*

tentar *intentar*

ter *tener*, *haber*

terça(-feira) (f) *martes*

terra (f) *tierra*

terraço (m) *balcón*

teu *tu*; *(el) tuyo*; os teus pais *tus padres*

ti *ti*; para ti *para ti*

tipicamente *típicamente*

típico/a *típico*

tirar *sacar*, *coger*, tirar férias *cogerse unas vacaciones*

todo/a *todo(a)*; todas as noites *todas las noches*; todos os dias *todos los días*; ao todo *en total*

tomar *tomar*, tomaste...? *¿has tomado...?*; tomar o pequeno-almoço *desayunar*

tomate (m) *tomate*

tonto/a: sentir-se tonto/a *estar mareado(a)*

trabalhador(a) *trabajador(a)*

trabalhar *trabajar*

trabalho (m) *trabajo*

transeunte (mf) *transeúnte*

transporte (m) *transporte*; transportes públicos *transportes públicos*

travão (m) *freno*

tripas (fpl) *callos*

triplicado/a *triplicado(a)*

tristeza (f) *tristeza*

trocar *cambiar*

troco (m) *cambio*

trovoada(f) *trueno*

tu *tú*; *ti*

tua *tu*; *(la) tuya*; as tuas sandálias *tus sandalias*

tubo (m) *tubo*

tudo *todo* (pronombre)

turismo (m) *turismo*

turista (mf) *turista*

último/a *último(a)*

um(a) *un*; *uno(a)*

único/a *único(a)*

universidade (f) *universidad*

urgência (f) *urgencia*

vaga (f) *habitación libre*; *plaza libre*; tem vagas? *¿tiene plazas libres?*

vago/a *libre*

valor (m) *valor*

vários/as *varios(as)*

vaso (m) *jarrón*

veículo (m) *vehículo*

velho/a *viejo(a)*; o/a mais velho/a *el mayor*

vender *vender*; vende-se *se vende*

vento (m) *viento*

ver *ver*; *mirar*

verão (m) *verano*

Verão → verão

verde *verde*

vermelho/a *rojo(a)*

véspera (f) *víspera*

vestido (m) *vestido*

vestir-se *vestirse*

vestuário (m) *ropa*

vez (f) *vez*; às vezes *a veces*; de vez em quando *de vez en cuando*; uma vez por *una vez por*; muitas vezes *muchas veces*; poucas vezes *pocas veces*

viagem (f) *viaje*

viajar *viajar*

vida (f) *vida*

vidro (m) *vidrio*; vidro traseiro *luna trasera*

vinho (m) *vino*; vinho branco *vino blanco*; vinho do Porto *oporto*; vinho espumoso/espumante *vino espumoso*; vinho moscatel *moscatel*; vinho rosé *vino rosado*; vinho tinto *vino tinto*; vinho verde *vino verde*

vir *venir*

virar *girar*; *torcer*

vista (f) *vista*

viver *vivir*

você(s) *usted(es)*; *tú*

volante (m) *volante*

voleibol *vóleibol*

vomitar *vomitar*

vosso/a *vuestro(a)*; *(el) vuestro/(la) vuestra*; os vossos amigos *vuestros amigos*

xarope (m) *jarabe*

a a
abajo abaixo; em baixo
abierto(a) aberto/a
abogado(a) advogado/a
abril abril (m)
abrir abrir
aburrido(a) aborrecido/a
acabar acabar
acantilado falésia (f)
accidente acidente (m)
aceite óleo (m); *(de cocinar)* azeite (m)
aceituna azeitona (f)
aceptar aceitar
acompañado(a) acompanhado/a
aconsejable aconselhável
acostarse deitar-se
además de além de
¡adiós! adeus!; tchau!
admisión admissão (f)
adulto adulto/a
aeródromo aeródromo (m)
aeropuerto aeroporto (m)
agosto agosto (m)
agradable agradável
agua água (f)
agujero buraco (m); furo (m)
ahora agora; já
aire ar (m); *aire acondicionado* ar condicionado
ajo alho (m)
ala asa (f)
albergue albergue (m); *albergue juvenil* pousada da juventude
alegría alegria (f)
alguien alguém
alguno(a) algum(a); *algunas cosas* algumas coisas
allí lá; *allí fuera* lá fora; *allí dentro* lá dentro
alojamiento alojamento (m)
alrededores arredores (mpl); *en los alrededores* nos arredores
alto(a) alto/a
ama de casa dona (f) de casa
amanecer madrugada (f)
amarillo(a) amarelo/a
ambiente ambiente (m)
ambulancia ambulância (f)
amigo(a) amigo/a
anchoas anchovas (fpl)
andar andar
andén linha (f)
animado(a) movimentado/a
anteayer anteontem
antes (de) antes (de)
antiguo(a) antigo/a
año ano (m); *¿cuánto años tienes?* quantos anos tens?; *el año que viene* no ano que vem; *el año que viene* para o ano
aparcamiento estacionamento (m)
aparcar estacionar
aperitivo aperitivo (m)
aquel/aquella aquele/a
aquí aqui; cá
árbol árvore (f)
arder arder
arena areia (f)
Argentina Argentina (f)
argentino(a) argentino/a
armario armário (m)
arroz arroz (m)
arte arte (f)
artístico artístico/a
ascensor elevador (m)
así assim
aspirina® aspirina (f)
atracción atração (f)
atrasado(a) atrasado/a
atún atum (m)
aula aula (f)
Australia Austrália (f)
australiano(a) australiano/a
autobús autocarro (m)
autocar camioneta (f)
automóvil automóvel (m)
autopista autoestrada (f)
avenida avenida (f)
aventura aventura (f)
avería avaria (f)
avión avião (m)
ayer ontem; *ayer por la noche* ontem à noite; *antes de ayer* anteontem
ayuda ajuda (f)
ayudar ajudar
azul azul

bacalao bacalhau (m)
bailar dançar
bajo(a) baixo/a
balcón terraço (m)
banco banco (m)
baño banho (m); *darse un baño* tomar banho
bar tasca (f)
barato(a) barato/a
barco barco (m)

barrio bairro (m)
bastante bastante
beber beber
bebida bebida (f)
belleza beleza (f)
berberecho berbigão (m)
berro agrião (m)
biblioteca biblioteca (f)
bicicleta bicicleta (f)
bien bem; bom; boa
billete (*entrada*) bilhete (m)
bistec bife (m)
blanco(a) branco/a
blusa blusa (f)
boca boca (f)
bocadillo sandes (f)
bodega cave (f)
bolso mala (f)
bomberos bombeiros(mpl)
bonito(a) bonito/a; lindo/a
bosque floresta (f)
bota bota (f)
botella garrafa (f)
botiquín de primeros auxilios caixa de primeiros-socorros
Brasil Brasil (m)
brasileño(a) brasileiro/a
brazo braço (m)
bueno(a) bom/ boa
butaca poltrona (f)

caballa cavala (f)
caballo cavalo (m); *a caballo* a cavalo
cabeza cabeça (f)
cabina cabine (f); *cabina telefónica* cabine telefónica
cabrito cabrito (m)
cada cada; *cada mes/semana* cada mês/ semana; *cada 6 horas* de 6 em 6 horas
café café (m); *café con leche* galão (m), meia (f) de leite; *café cortado* garoto (m); *café solo* bica (f); *café largo/corto* bica cheia/curta
caja caixa (f)
calefacción aquecimento (m)
calidad qualidade (f)
caliente quente
calle rua (f)
callejón beco (m)
callos tripas (fpl)
calmares lulas (fpl)
calor calor (m); *hace calor* faz/está calor
cama cama (f); *cama de matrimonio* cama de casal; *cama individual* cama individual/ de solteiro
cámara de fotos máquina fotográfica
camarón camarão (m)
cambiar trocar; mudar
cambio troco (m); mudança (f)
camino caminho (m)
camión camião (m)
camisa camisa (f)
camping parque de campismo
campo campo (m); *campo de golf* campo de golfe
caña (*cerveza*) fino (m), imperial (f)
capó capô (m)
caracoles caracóis (mpl)
caravana caravana (f)
carne carne (f)
caro(a) caro/a
carretera estrada (f)
carta carta (f)
cartera carteira (f)
casa casa (f)
caso: en caso de em caso de
castillo castelo (m)
catedral catedral (f)
causa: a causa de por causa de
cebolla cebola (f)
cena jantar (m)
cenar jantar
centro centro (m); *centro comercial* centro comercial
cerca perto
cereza cereja (f)
cerillas fósforos (mpl)
cerrado(a) fechado/a
cerrar encerrar
cervecería cervejaria (f)
cerveza cerveja (f)
chaqueta casaco (m)
Chile Chile (m)
chileno(a) chileno/a
chimenea lareira (f)
chuleta costeleta (f)
cielo céu (m)
cine cinema (m)
cinturón cinto (m); *cinturón de seguridad* cinto de segurança
circulación circulação (f)
ciruela ameixa (f)
ciudad cidade (f)
claro(a) claro/a; *¡claro!* claro!

clase aula (f)
cliente(a) freguês/esa
clima clima (m)
coche carro (m)
cocina cozinha (f); (*electrodoméstico*) fogão (m)
coger apanhar; tirar; *coger el autobús/el tren* apanhar o autocarro/comboio; *cogerse unas vacaciones* tirar férias
colección coleção (f)
color cor (f)
comedor sala de jantar; sala de refeições
comenzar começar
comer comer; almoçar
comida comida (f); almoço (m); refeição (f)
comisaría esquadra (f)
como como
cómo como; *¿cómo está (usted)?* como está?
compra compra (f); *ir a la compra* ir às compras; *ir de compras* fazer compras
comprar comprar
comprimido comprimido (m)
comunicar comunicar
con com
conducir conduzir
conejo coelho (m)
conmigo comigo
conocer conhecer
conseguir conseguir
conservar conservar
constipado(a) constipado/a
contigo contigo
contra contra
contribuyente contribuinte (m)
corbata gravata (f)
cordero borrego (m); cordeiro (m)
correcto(a) certo/a
correos os correios (mpl)
cortado (*café*) garoto (m)
cortar cortar; *cortarse* cortar-se
corte corte (m); *corte de electricidad/luz* corte de electricidade/luz
cosa coisa (f)
coser costurar
costar custar
creer crer; achar; acreditar
crema creme (m)
cuadro quadro (m)
cuál qual
cualquier(a) qualquer; *cualquier cosa* qualquer coisa
cuando quando
cuánto quanto/a; *cuántos* quantos/as; *¿cuánto es?* quanto é?
cuarto (*lugar*) quarto (m); (*medida*) quarto (m); *siete y cuarto* sete e um quarto; *un cuarto (de litro) de vino* um quarto (de litro) de vinho; *cuarto de baño* casa de banho (f)
cubierta cobertura (f)
cuenta conta (f)
cuero cabedal (m)
cuerpo corpo (m)
cuidado cuidado (m)
cultura cultura (f)

daño: hacer daño magoar; *hacerse daño* magoar-se
de de
debajo debaixo; em baixo; *debajo de* debaixo de
deber dever
débil fraco/a
decir dizer
dedo dedo (m)
dejar deixar; *dejar de* deixar de
delicioso(a) delicioso/a
dentista dentista (mf)
dentro dentro; *dentro de* dentro de
deporte desporto (m)
deportivo(a) desportivo/a
depósito depósito (m)
derecha direita (f); *a la derecha* à direita
desagradable desagradável
desayunar tomar o pequeno-almoço
desayuno pequeno-almoço (m)
desde desde
desempleado(a) desempregado/a
desmayarse desmaiar
despacio devagar
después depois
detrás (de) detrás (de)
día dia (m); *¡buenos días!* bom dia!
diario jornal (m)
diciembre dezembro (m)
diente dente (m)
dieta dieta (f)
difícil difícil
dinero dinheiro (m)
dirección morada (f)
discoteca discoteca (f)
disculpar desculpar; *¡disculpe!* desculpe!
disponibilidad disponibilidade (f)
docena dúzia (f); *media docena* meia dúzia
doler doer

dolor dor (f); *dolor de cabeza* dor de cabeça; *tener dolor de garganta/de muelas* ter dor de garganta/dentes
domingo domingo (m)
dónde onde; *¿de dónde eres?* de onde és?
dormir dormir
ducha chuveiro (m)
dulce doce (m)
durante durante

edad idade (f)
edificio prédio (m)
el o
él/ella ele/a
electricidad eletricidade (f)
elegante elegante
emergencia emergência (f)
empezar
empresa empresa (f)
en em
encantador(a) charmoso/a; encantador(a)
encima em cima; *encima de* em cima de
encontrar encontrar; achar; *encontrarse* ficar
enero janeiro (m)
enfermedad doença (f)
enfermero(a) enfermeiro/a
enfermo doente
¡enhorabuena! parabéns!
ensalada salada (f)
entender entender
entero(a) inteiro/a
entonces então
entrada entrada (f); *prohibida la entrada* entrada proibida
entre entre
escoger escolher
escribir escrever
escritor(a) escritor/a
escuchar ouvir
escuela escola (f)
espalda costas(fpl)
España Espanha (f)
español(a) espanhol(a)
especialidad especialidade (f)
esperar esperar
espeso(a) espesso/a
esposo marido (m)
esquina esquina (f)
estación estação (f); *estación de ferrocarril/ de tren* estação dos caminhos-de-ferro/ de comboios; *estación de autobuses* rodoviária (f)
Estados Unidos Estados Unidos (mpl)
estampado (*tejido*) padrão (m)
estantería estante (f)
estar estar; *está bien* está bem; *¿qué tal está?* está bom/boa?; *¿qué tal estás?* estás bom/boa?
este(a) este/a
estilo estilo (m)
estómago estômago (m)
estudiante estudante (mf)
euro euro (m)
exactamente exatamente
exótico(a) exótico/a
expreso (*tren*) rápido (m)
extenso(a) extenso/a
extranjero(a) estrangeiro/a

fácil (de) fácil (de)
falda saia (f)
faltar faltar
familia família (f); *en familia* em família
farmacéutico(a) farmacêutico/a
farmacia farmácia (f)
favor: por favor se faz favor
febrero fevereiro (m)
fecha data (f)
feliz feliz
feria feira (f)
festivo (*día*) feriado (m)
film filme (m)
fin fim (m); *fin de semana* fim de semana (m)
final: al final de no fim de
firmar assinar
flan pudim flan
flor flor (f)
folleto folheto (m)
fondo fundo (m); *al fondo* ao fundo
formulario ficha (f)
fotógrafo(a) fotógrafo/a
francés(esa) francês/esa
Francia França (f)
frasco frasco (m)
freno travão (m)
frente frente (f); *en frente de* em frente de/a
fresa morango (m)
fresco(a) fresco/a
frigorífico frigorífico (m)
frío(a) frio/a; *hace frío* faz/está frio
fuera fora
fuerte forte
fumador(a) fumador(a)
fumar fumar

funcionar funcionar
fútbol futebol (m)

galleta bolacha (f)
gasoil gasóleo (m)
gasóleo gasóleo (m)
gasolina gasolina (f); *gasolina sin plomo* gasolina sem chumbo
gasolinera bombas de gasolina (fpl)
gato gato (m)
general geral; *en general* em geral
gente gente (f); *mucha gente* muita gente
gracias obrigado/a
gramo grama (m)
grande grande
gripe gripe (f)
guisantes ervilhas (fpl)
gustar gostar de

haber haver; ter
habitación quarto (m); (*en una casa*) assoalhada (f); *habitación de matrimonio* quarto de casal; *habitación doble/ individual* quarto duplo/individual; *habitación familiar* quarto de família
habitante habitante (mf)
hablar falar
hacer fazer; *haga el favor de* faz favor de...
hambre fome (f)
harto(a) farto/a; *estar harto(a) de* estar farto/a de
hasta até; *hasta ahora* até já; *hasta luego* até logo; *hasta mañana* até amanhã; *hasta pronto* até breve; *hasta la próxima* até à próxima
herido(a) ferido/a
herir ferir; *herirse* ferir-se
hermana irmã (f)
hermano irmão (m)
hielo gelo (m)
hígado fígado (m)
hijo(a) filho/a
hipermercado hipermercado (m)
histórico(a) histórico/a
¡hola! olá!; tchau!
hombre homem (m); *hombre de negocios* homem de negócios
honesto honesto/a
hora hora (f); *media hora* meia (hora); *¿a qué hora?* a que horas?; *¿qué hora es?* que horas são?

horario horário (m)
horno forno (m)
horror horror (m)
hortalizas hortaliça (f)
hospital hospital (m)
hotel hotel (m)
hoy hoje
huerto quintal (m)
huevo ovo (m)

ida ida (f); *(un) billete de ida y vuelta* (um bilhete de) ida e volta
ideal ideal
identidad identidade (f)
iglesia igreja (f)
importar: no importa não faz mal
incluido(a) incluindo
información informação (f)
Inglaterra Inglaterra (f)
inglés(esa) inglês/esa
inmediato(a) imediato/a
insolación insolação (f)
instituto escola secundária
intentar tentar
interesante interessante
invierno inverno (m)
ir ir
isla ilha (f)
Italia Itália (f)
italiano(a) italiano/a
izquierda esquerda (f); *a la izquierda* à esquerda

jabalí javali (m)
jabón sabão (m)
jamón presunto (m)
jamón de York fiambre (m)
jaqueca enxaqueca (f)
jarabe xarope (m)
jardín jardim (m); *cuidar el jardín* jardinar
jarrón vaso (m)
jefe(a) chefe/a
joven jovem; novo/a
jubilado(a) reformado/a
judía feijão (m)
jueves quinta(-feira) (f)
jugar jogar
julio julho (m)
junio junho (m)

kilo(gramo) quilo(grama) (m)

la a
lado lado (m); *al lado de* ao lado de
lago lago (m)
lamentar lamentar
lata lata (f)
lavabos lavabos (mpl)
lavadora máquina de lavar
leche leite (m); *leche descremada* leite magro
lechón leitão (m)
lechuga alface (f)
leer ler
lejos longe
lengua língua (f)
lenguado linguado (m)
libro livro (m)
límite limite (m); *límite de velocidad* limite de velocidade
limón limão (m)
limonada limonada (f)
limpiaparabrisas limpa-para-brisas (m)
limpiar limpar
limpio(a) limpo/a
lista lista (f)
litro litro (m)
llamada chamada (f); *hacer una llamada* fazer uma chamada
llamarse chamar-se
llave chave (f)
llegar chegar
llenar encher; preencher
lleno(a) (de) cheio/a (de)
llevar levar; *para llevar* para levar
llover chover
lluvia chuva (f)
loción loção (f)
lodo lama (f)
loncha fatia (f)
luego logo, depois
lugar lugar (m)
lunes segunda(-feira) (f)
luz luz (f)

macedonia salada de fruta
madre mãe (f)
maduro(a) maduro/a
maíz milho-doce (m)
mal mal
maleta mala (f)
mandarina tangerina (f)
manera maneira (f)
mano mão (f)
mantequilla manteiga (f)
manzana maçã (f)
mañana (*día siguiente*) amanhã; (*parte del día*) manhã (f); *a las siete de la mañana* às sete da manhã
mapa mapa (m)
máquina máquina (f)
mar mar (m)
maravilloso(a) maravilhoso/a
mareado(a): estar mareado(a) sentir-se tonto/a
marido marido (m)
mariposa borboleta (f)
marisco marisco (m)
martes terça(-feira) (f)
marzo março (m)
más mais; *más o menos* mais ou menos; *más tarde* mais tarde; *¿algo más?* que mais?
mayo maio (m)
mayor maior
me mim
mecánico(a) mecânico/a
medianoche meia-noite (f)
medicamento remédio (m)
médico(a) médico/a
medio meio (m); *medio kilo* meio quilo
mediodía meio-dia (m)
mejillón mexilhão (m)
mejorar melhorar
melocotón pêssego (m)
melón melão (m)
mención destaque (m)
menos menos; *por lo menos* pelo menos
menú ementa (f)
mercado mercado (m), feira (f)
merluza pescada (f)
mermelada geleia (f)
mesa mesa (f)
mexicano/a mexicano/a
México México (m)
mi meu, minha; *mis padres* os meus pais
mía minha; *(la) mía* minha; *mis sandalias* as minhas sandálias
miel mel (m)
miércoles quarta(-feira) (f)
migraña enxaqueca (f)
mil mil
millón milhão (m)
minuto minuto (m)
mío meu; *(el) mío* meu
mirar ver
mismo(a) mesmo/a
moderno(a) moderno/a
mojado(a) molhado/a

molestia maçada (f)
montaña serra (f)
montar montar
mosquito mosquito (m)
mostaza mostarda (f)
moto(cicleta) moto(cicleta) (f)
motor motor (m)
mucho(a) muito/a; *mucha gente* muitas pessoas; *¡mucho gusto!* (muito) prazer!
mujer mulher (f); *mujer de negocios* mulher de negócios
muñeca boneca (f)
museo museu (m)
música música (f)
muslo coxa (f)
muy muito/a; *muy bien* muito bem

nacimiento nascimento (m)
nacionalidad nacionalidade (f)
nada nada; *¡de nada!* de nada!; *nada más* mais nada
nadar nadar
naranja laranja (f)
naranjada laranjada (f)
nariz nariz (m)
nata nata (f)
necesitar precisar (de)
negro(a) preto/a
nervioso(a) nervoso/a
neumático pneu (m)
nevar nevar
niebla nevoeiro (m)
nieve neve (f)
niño criança (f)
níspero nêspera (f)
no não
noche noite (f); *¡buenas noches!* boa noite!
nombre nome (m)
nosotros nós; *con nosotros* connosco
noviembre novembro (m)
novio(a) namorado/a
nube nuvem (f)
nublado nublado
nuestro(a) nosso/a; *(el) nuestro(a)* nosso/a; *nuestros amigos* os nossos amigos
nuevo(a) novo/a
número número (m)
nunca nunca

o ou; *o... o...* ou... ou...
objeto objeto (m)
obligatorio(a) obrigatório/a
obtener conseguir
octubre outubro (m)
ocupación ocupação (f)
ocurrir acontecer
oficina escritório (m); *oficina de turismo* centro de turismo
ofrecer oferecer
oído ouvido (m)
oír ouvir
ojo olho (m)
olvidar(se) esquecer(-se)
oporto vinho do Porto, porto (m)
oportunidad oportunidade (f)
orégano orégão (m)
oreja orelha (f)
organizar organizar
orgulloso(a) orgulhoso/a
otoño outono (m)
otro(a) outro/a

paciencia paciência (f)
padre pai (m)
pagar pagar
país país (m)
pájaro pássaro (m)
palabra palavra (f)
palacio palácio (m)
pan pão (m); *pan de molde* pão de forma; *pan casero* pão caseiro
panadería padaria (f)
pantalones (fpl) calças
papel papel (m); *papel higiénico* papel higiénico
paquete pacote (m)
par par (m)
para para; *para nosotros* para nós
parabrisas para-brisas (m)
parada paragem (f); *parada de taxis* praça de táxis
parado(a) desempregado/a
paraíso paraíso (m)
parar parar
pared parede (f)
pareja casal (m)
parque parque (m); *parque infantil* parque infantil; *parque de atracciones* parque de diversões
particular privativo/a
partido(a) partido/a
partir partir
pasado(a) passado/a; *la semana pasada* na semana passada

pasaporte passaporte (m)
pasar passar; acontecer; *no pasa nada* não faz mal
pasear passear
pasta de dientes pasta (f) de dentes
pastel bolo (m); pastel (m); *pastel de bacalao* pastel de bacalhau
pastelería pastelaria (f)
pastilla pastilha (f); *pastilla de jabón* barra (f) de sabão
patatas batata (f); *patatas fritas* batatas fritas
pato pato (m)
pavo peru (m)
pecho peito (f)
pedir pedir
pegatina autocolante (m)
película filme (m)
peligro perigo (m)
peligroso(a) perigoso/a
pensar achar
pensión pensão (f)
pequeño(a) pequeno/a
pera pera (f)
percebes perceves (mpl)
perejil salsa (f)
perezoso(a) preguiçoso/a
periódico jornal (m)
permanecer ficar
pero mas
pescado peixe (m)
pescador(a) pescador(a)
pez peixe (m); *pez espada* espadarte (m); *pez sable* peixe-espada (m)
picnic piquenique (m)
pie pé (m); *a pie* a pé
pierna perna (f)
pimiento pimento (m)
pinchazo furo (m)
pintar pintar
piña ananás (m)
piscina piscina (f)
piso (*vivienda*) apartamento (m); andar (m)
pista de tenis campo de ténis
pizzería pizzaria (f)
placer prazer
planta andar (m); *planta baja* rés-do-chão (m)
plátano banana (f)
plato prato (m); *plato del día* prato do dia
playa praia (f); areal (m)
plaza praça (f)
poco(a) pouco/a; *pocas veces* poucas vezes; *un poco de* um pouco de
poder poder
policía (*cuerpo*) polícia (f); (*persona*) polícia (mf)
polideportivo centro desportivo
pollo frango (m)
poner pôr
por por; *por favor* por favor; *por tanto* portanto
porque porque
portaequipajes porta-bagagens (m)
portugués(esa) português/esa
posible possível
postal postal (m)
postre sobremesa (f)
practicar praticar
precio preço (m)
preferido(a) preferido/a
preferir preferir
pregunta pergunta (f); *hacer una pregunta* fazer uma pergunta
preguntar perguntar
primavera primavera (f)
primeros auxilios (mpl) primeiros-socorros
prisa pressa (f); *tener prisa* ter pressa
probador cabine de provas
probar provar, experimentar
problema problema (m)
producir produzir
profesor(a) professor/a
programa programa (m)
prohibido(a) proibido/a; *prohibido aparcar* proibido estacionar
propio(a) próprio/a
próximo(a) próximo/a
pudín pudim (m)
pueblo povo (m), aldeia (f)
puerro alho-porro; alho (m) francês
puerta porta (f)
puerto porto (m)
pulpo polvo (m)
puro(a) puro/a

qué que
quedar(se) ficar; *quedarse con* ficar com
quemar queimar
querer querer
queso queijo (m)
quién quem
quizá talvez, se calhar

ración dose (f)
rápido(a) rápido/a

recepción receção (f)
recepcionista rececionista (mf)
receta receita (f)
recibimiento acolhimento (m)
reclamación reclamação (f)
recomendar recomendar
refresco refrigerante (m)
régimen dieta (f)
región região (f)
relajante relaxante
remolque atrelado (m); reboque (m)
repetir repetir
reservado(a) reservado/a
reservar reservar
restaurante restaurante (m)
resto resto (m)
retirado(a) reformado/a
retrete retrete (f)
retrovisor retrovisor (m)
reunión reunião (f)
revista revista (f)
robo roubo (m)
roca rochedo (m)
rojo(a) vermelho/a
rollo rolo (m); maçada (f)
romántico romântico/a
romper partir
ropa roupa (f); vestuário (m)
rosa rosa
roto(a) partido/a
rotonda rotunda (f)
rueda roda (f)
ruido barulho (m)
ruidoso(a) barulhento/a

sábado sábado (m)
saber saber
sacar tirar
sal sal (m)
sala sala (f); *sala de estar* sala de estar
salida saída (f); partida (f); *salida de emergencia* saída de emergência
salir sair
salsa molho (m)
salud saúde (f)
sandalia sandália (f)
sandía melancia (f)
sándwich sandes (f)
sano(a) saudável
sardina sardinha (f); *sardinas asadas* sardinhas assadas
secretario(a) secretário/a
seguir seguir
sello selo (m)
sentarse sentar-se
sentirse sentir-se
señal de circulación sinal (m) (de trânsito)
señor senhor (m)
señora senhora (f)
septiembre setembro (m)
ser ser
serio(a) sério/a
servicios lavabos (mpl), retrete (f), sanitários (mpl); *servicios públicos* as casas de banho públicas
seta cogumelo (m)
si se
sí sim
siempre sempre
siglo século (m)
simpático(a) simpático/a
sin sem
síntoma sintoma (m)
socorro socorro (m)
sofá sofá (m)
sol sol (m)
solitario solitário/a
solo(a) só; sozinho/a
sombra sombra (f)
sopa sopa (f); *sopa de verduras* sopa de legumes
su seu, sua, dele/a; *sus amigos* os seus amigos
suave fraco/a
sucio(a) sujo/a
suculento(a) suculento/a
suelo solo (m)
suerte sorte (f); *¡buena suerte!* boa sorte!
súper gasolina super
supermercado supermercado (m)
suya sua, dela; *(la) suya* sua, dela; *sus amigas* as suas amigas
suyo seu, dele; *(el) suyo* seu, dele

tacón salto (m); *de tacón alto* de salto alto
tal tal; *tal vez* talvez
taller (*de coches*) oficina (f)
tamaño tamanho (m)
también também
tardar demorar
tarde (*adverbio*) tarde; (*nombre*) tarde (f); *buenas tardes* boa tarde
tarifa tarifa (f)
tarjeta cartão (m); *tarjeta de crédito* cartão

de crédito; *tarjeta telefónica* cartão telefónico
tasca tasca (f)
taxi táxi (m)
teatro teatro (m)
telenovela telenovela (f)
televisión televisão (f)
temprano cedo
tener ter
terminar acabar
ti ti
tiempo tempo (m); *tiempo libre* tempos livres/ de lazer
tienda tenda (f), loja (f); *tienda de ropa* casa de moda; *tienda de ultramarinos* mercearia (f)
tierra terra (f)
típico típico/a
tirita® penso (m) rápido
todo tudo (pronome)
todo(a) todo/a; *todas las noches* todas as noites; *todos los días* todos os dias
tomar tomar; *¿has tomado...?* tomaste...?; *tomar el sol* apanhar sol
tomate tomate (m)
torcer virar
trabajador(a) trabalhador(a)
trabajar trabalhar
trabajo trabalho (m)
traje fato (m)
tranquilidad sossego (m)
tranquilo(a) calmo/a, sossegado/a
transeúnte transeunte (mf)
transporte transporte (m); *transportes públicos* transportes públicos
tren comboio (m); *tren rápido* rápido (m)
triplicado(a) triplicado/a
tristeza tristeza (f)
trueno trovoada(f)
tu teu, tua
tú tu
tubo tubo (m)
turismo turismo (m)
turista turista (mf)
tuyo teu; *(el) tuyo* teu; *tus padres* os teus pais
tuya tua; *(la) tuya* tua; *tus sandalias* as tuas sandálias

último(a) último/a
un um
único(a) único/a
universidad universidade (f)
uno(a) um(a)
urgencia urgência (f), emergência (f)
usted(es) o senhor, a senhora; você(s)

vacaciones férias (f); *pasar las vacaciones/ coger vacaciones* passar/tirar férias
valor valor (m)
varios(as) vários/as
vehículo veículo (m)
venda ligadura (f)
vender vender; *se vende* vende-se
venir vir
ver ver
verano verão (m)
verde verde
verdel carapau (m)
verduras hortaliça (f)
vestido vestido (m)
vestirse vestir-se
vez vez (f); *a veces* às vezes; *de vez en cuando* de vez em quando; *muchas veces* muitas vezes; *pocas veces* poucas vezes
vía linha (f)
viajar viajar
viaje viagem (f)
vida vida (f)
vidrio vidro (m)
viejo(a) velho/a
viento vento (m)
viernes sexta(-feira) (f)
vino vinho (m); *vino blanco* vinho branco; *vino espumoso* vinho espumoso/ espumante; *vino rosado* vinho rosé; *vino tinto* vinho tinto; *vino verde* vinho verde
víspera véspera (f)
vista vista (f)
vivienda moradia (f)
vivir viver, morar
volante volante (m)
vóleibol voleibol
vomitar vomitar
vuestro(a) vosso/a; *(el) vuestro/(la) vuestra* vosso/a; *vuestros amigos* os vossos amigos

y e
ya já; *¡ya está!* já está!; *ya no* já não
yo eu

zanahoria cenoura (f)
zapato sapato (m)
zumo sumo (m)

um (uma)	1	vinte e um (uma)	21
dois (duas)	2	trinta	30
três	3	quarenta	40
quatro	4	cinquenta	50
cinco	5	sessenta	60
seis	6	setenta	70
sete	7	oitenta	80
oito	8	noventa	90
nove	9	cem (cento)	100
dez	10	cento e um (uma)	101
onze	11	duzentos/as	200
doze	12	trezentos/as	300
treze	13	quatrocentos/as	400
catorze	14	quinhentos/as	500
quinze	15	seiscentos/as	600
dezasseis	16	setecentos/as	700
dezassete	17	oitocentos/as	800
dezoito	18	novecentos/as	900
dezanove	19	mil	1 000
vinte	20	um milhão	1 000 000

primeiro/a, 1.º/1.ª	*primero*	sexto/a, 6.º/6.ª	*sexto*
segundo/a, 2.º/2.ª	*segundo*	sétimo/a, 7.º/7.ª	*séptimo*
terceiro/a, 3.º/3.ª	*tercero*	oitavo/a, 8.º/8.ª	*octavo*
quarto/a, 4.º/4.ª	*cuarto*	nono/a, 9.º/9.ª	*noveno*
quinto/a, 5.º/5.ª	*quinto*	décimo/a, 10.º/10.ª	*décimo*

Disco 1

Pista		
1-3		introducción y guía de pronunciación
4-7	unidad 1	mucho gusto
8-11	unidad 2	¿de dónde eres?
12-15	unidad 3	¿dónde vive?
16-19	unidad 4	la familia
10-22	unidad 5	los gustos personales
23-26	unidad 6	en casa
27-32	unidad 7	la vida diaria
33-36	unidad 8	el tiempo libre
37-41	unidad 9	las vacaciones
42-46	unidad 10	los transportes

Disco 2

Pista		
1-6	unidad 11	viajar
7-8	unidad 12	en la ciudad
9-12	unidad 13	ir de compras
13-16	unidad 14	comer fuera
17-19	unidad 15	encontrarse mal
20-24	unidad 16	viajar en coche
25-31	unidad 17	el alojamiento
32-34	unidad 18	ir de camping
35-38	unidad 19	el ocio

Registrado en Alchemy (Londres)
y Cristal Media, S. L. (Barcelona)
Actores: Edite Agra Amorin, Golçalo Brito, Joao Ferreira, Sofía Gracía Rubia, Adriana Peixoto, Paulo Santos, Paula Tomé.
Edición original publicada por Hodder & Stoughton
con título *Teach Yourself Beginner's Portuguese,*